LES GRIEFS.

ABUS DE POUVOIR DE LA CHAMBRE.

Ce qui est nul de principe, est nul de conséquences.

Par T. Dinocourt.

N.º 1.

PARIS,

ON S'ABONNE CHEZ DELANGLE, LIBRAIRE,

PLACE DE LA BOURSE;

ET CHEZ PUECH, LIBRAIRE,

BOULEVART SAINT-MARTIN, N.º 21.

1830.

Le prix de chaque numéro est de 1 fr. si l'on
s'abonne pour trois, six, neuf ou douze mois, et
de 1 fr. 25 centimes si l'on prend les numéros
séparément.

SOUS PRESSE.

Le n° 2, portant pour titre : *Maintenons la
peine de mort*.

IMPRIMERIE DE DAVID,
BOULEVART POISSONNIÈRE, N° 4 bis.

LES GRIEFS,

PAR T. DINOCOURT.

Tel est le titre d'un ouvrage que je me propose de publier dans l'intérêt des libertés de la France, à laquelle on est loin d'accorder toutes celles qu'elle a droit d'obtenir.

Mon caractère, bien connu par les romans politiques que j'ai produits depuis dix ans, me donne sans doute le droit d'espérer que je ne serai pas confondu avec les hommes qui font de l'opposition par métier, et du scandale un moyen de faire acheter plus tard leur silence de ceux dont ils sont parvenus à se faire redouter.

Comme dans chacun de mes romans on m'a toujours vu prendre le parti de la vertu contre l'oppression et la tyrannie, on ne doit pas craindre de me voir épouser dans cet ouvrage la cause de l'anarchie au préjudice de la paix et de l'ordre sur lesquels reposent, je le sais, les plus précieux intérêts de la société; je compte toujours les défendre avec la même ardeur que j'ai mise à poursuivre dans mes fictions les vices qui déshonoraient les grands et le clergé du moyen âge.

La tâche que j'entreprends est difficile, périlleuse même; mais elle n'est pas au-dessus de mon courage, et je la remplirai, sinon avec tout le talent qu'elle exige, du moins avec la franchise et la probité d'un écrivain vraiment libéral, qui a toujours préféré les inspirations de sa conscience aux suggestions de son intérêt personnel.

Etranger par mes goûts et ma manière de vivre à toute espèce de coteries littéraires ou politiques, je ne suis tenu à aucune complaisance pour les doctrines qu'elles professent, à nulle admiration pour les hommes qu'elles préconisent, si ces doctrines ne me paraissent pas raisonnables, si ces hommes me semblent indignes de la réputation qu'on leur a faite. N'ayant reçu ni bienfaits ni faveurs du gouvernement qui vient de périr, victime de sa propre impéritie, et n'attendant rien de celui qui lui a succédé, je pourrai toujours, sans qu'on puisse m'accuser de partialité, et bien moins encore d'ingratitude, distribuer l'éloge ou le blâme aux agens du pouvoir déchu comme à ceux du pouvoir existant, suivant qu'ils me paraîtront le mériter d'après leurs actes.

Je dirai sur chacun de ces actes toute ma pensée, et la dirai surtout sans ménagement, à l'égard de ceux qui attenteraient, fut-ce même indirectement à quelques-uns de nos droits. Nous en avons de grands, de précieux; il faut qu'on les respecte; il le faut, sous peine de faire mentir le roi-citoyen, qui ne s'est mis à la tête de notre révolution que pour nous en assurer tous les fruits, et qu'il nous a garantis par son serment. Ce sera toujours à cette grande pensée que je reviendrai toutes les fois que j'apercevrai de la part des hommes chargés de régler nos affaires une tendance à s'écarter de l'esprit de ce noble serment. Un guerrier de Jemmapes n'est pas un jésuite; la restriction mentale n'est point à son usage; ce qu'il jure il le jure bien; et le prince assez philosophe pour braver les préjugés du rang suprême jusqu'au point de doter l'auteur de la *Marseillaise*, ne peut d'ailleurs pas plus vouloir des esclaves pour sujets que des hommes de mauvaise foi pour ministres.

A cet égard, en respectant le choix qu'il a fait dans les hommes qui l'aident aujourd'hui à conduire la barque de l'état, je dirai pourtant que les vues de quelques-uns d'entre eux ne sont pas tellement en harmonie avec la pensée du monarque, qu'il n'y ait lieu de le leur faire remarquer en analysant leur conduite administrative ou parlementaire.

Les députés, les pairs, les magistrats, les hauts fonctionnaires seront aussi susceptibles à leur tour de devenir les objets d'un examen particulier, mais seulement sous le rapport de leur existence publique; car les secrets de la *vie privée* doivent constamment être respectés de tout écrivain qui se respecte lui-même. Ce n'est absolument que dans leurs rapports avec nos intérêts sociaux que j'entends compter avec eux. Malheur à ceux dont la susceptibilité se trouvera blessée de mon examen! Leur devoir dans un pays vraiment libre est de souffrir la critique de tout citoyen qui croit le pays intéressé à ne pas leur ménager, quand il pense qu'ils l'ont méritée. Analogie parfaite entre les fonctionnaires d'un gouvernement représentatif et les acteurs qui paraissent sur un théâtre. En ville, ces derniers sont respectés comme particuliers; mais à la scène, ils sont sifflés s'ils ne satisfont pas le public. La nation est assise au parterre; comme c'est elle qui fait les frais du spectacle, elle a droit de contrôle sur la manière dont on joue la pièce, et de crier *haro* sur ceux qui ne lui paraissent pas avoir les qualités du rôle que le suprême directeur leur a confié.

Voilà des vérités qui paraîtront peut-être bien mortifiantes à de certains amours-propres; mais n'en dirai pourtant jamais de moins fortes.

C'est ainsi que, sans avoir égard aux fières susceptibilités des deux chambres qui se hâtent de relever devant elles le honteux bouclier dont la Charte leur a permis de se couvrir pour se dérober aux traits que les écrivains courageux pourraient vouloir leur décocher, j'attaquerai de front ceux qui, à l'abri de ce rempart, travailleront à la ruine de nos franchises, ou d'autres intérêts aussi précieux. C'est ainsi que je demande déjà d'avance s'il n'est pas au-dessous de la dignité de deux pouvoirs constitués, aussi imposans que le sont les deux chambres, de revendiquer le droit de traduire *à leur barre* un simple citoyen, dont elles croiraient avoir reçu un outrage. Faut-il donc emprunter à Hercule sa massue pour écraser un moucheron? Si l'expédient n'était que ridicule, on pourrait prendre le parti d'en rire; mais il est encore seuverainement injuste, puisqu'il détruit ce principe d'équité aussi vieux que le monde civilisé, *qu'on ne doit jamais se faire justice soi-même;* puisqu'il est contraire à ce vieux précepte aussi sage que ce même principe auquel il doit l'exi-stence, que *nul n'est bon juge dans sa propre cause;* puisqu'il est enfin en désaccord avec le droit commun qui nous régit et qui nous oblige nous, particuliers, dans nos différens, d'aban-donner aux tribunaux ordinaires le soin de les régler à leur ma-nière.

C'est déjà même une inconséquence assez difficile à justifier, que chez un peuple dont le premier article de la constitution lui assure l'égalité devant la loi, il se trouve une caste d'hommes privilégiés qui ne puissent être jugés par les tribunaux institués pour juger tous les autres citoyens. C'est une distinction absurde, abusive, injurieuse à la nation entière, et qui n'a même pas le mérite de l'utilité pour excuse. C'est une étrange anomalie dans un gouvernement constitutionnel, et dont la raison, d'accord avec l'indignation publique, ne devrait pas tarder à faire justice.

D'ailleurs, et pour répondre aux partisans de ce honteux état de choses, et qui courent en chercher la justification dans un pays auquel ils n'empruntent que trop souvent de très-fausses idées de ce qu'ils veulent implanter chez nous, je dirai que ce qui est très-bon dans la terre classique de l'aristocratie (la Grande-Bretagne), ne peut être bon à l'usage d'un peuple qui a deux fois versé son sang pour le renversement de ces futiles distinctions, causes éternelles de sa misère et de son esclavage, et qui humiliaient surtout la noble fierté de son caractère. Je dirai enfin qu'un pays comme la France, loin de chercher à calquer sa législation sur celle d'une puissance jalouse de sa grandeur et de son commerce, doit au contraire servir elle-même d'exemple au reste de la terre. Rome aurait cru s'abaisser en empruntant quelque chose aux institutions de Carthage, et c'est à ce senti-ment de sa dignité qu'elle a dû de détruire plus tard sa fière ennemie, et de subjuguer l'univers. J'ajoute que Napoléon a long-tems prouvé au monde, en ce qui concerne l'Angleterre, que sa politique et sa fierté différaient peu de celles des anciens rivaux de Carthage. Qui sait, s'il eût vécu dix ans de plus, s'il ne fût pas arrivé au même résultat?

Il semble, au surplus, qu'en pensant au fatal présent que nous ont fait les Anglais en nous ramenant l'auteur de la Charte et son digne successeur, nous devions être guéris pour toujours de la malheureuse manie d'admirer ce qui vient de chez eux! Mais la raison, dans tous les cas, n'y devrait prendre que ce qui peut s'accorder avec les intérêts bien entendus de nos besoins, et sur-tout de nos libertés.

C'est donc uniquement dans la vue d'attaquer, de repousser par l'arme du raisonnement tout ce qui peut leur être nuisible, et de parler de ce qui peut au contraire les favoriser, que je prétends publier cet ouvrage. Heureux si en le faisant je réussis à m'attirer les suffrages du public, et à mériter sa confiance! A ce prix, je me sens en état de supporter la haine, le dédain, ou même la persécution de ceux à qui ma franchise pourra déplaire; et, pour marque de cette qualité, je compte dans mon prochain numéro démontrer jusqu'à l'évidence que la chambre a dépassé ses pouvoirs en allant au delà de l'offre de la couronne à Philippe. Dans mon second, j'établirai que non-seulement les clubs sont dans les droits nouveaux que nous avons conquis, et qu'il en faut établir par toute la France, mais qu'ils sont encore les seuls boulevarts qui puissent être opposés aux envahissemens du pouvoir. Je profiterai de ce texte pour prouver que les magistrats qui viennent de condamner la société des *Amis du Peuple* ont pu le faire en se renfermant dans le sens étroit et littéral des articles de loi qu'ils ont invoquée; mais que, comme citoyens, ils ont commis un acte d'ingratitude, qui prouve que l'énergique reproche que leur a fait une de leurs victimes a dû avoir un écho dans tous les cœurs français. Ils auraient dû se souvenir qu'on est citoyen avant d'être magistrat, et que les devoirs du premier sont toujours plus sacrés que ceux du second. Cette remarque me fournira l'occasion, dans mon troisième numéro, de montrer quels dangers la France nouvelle court à laisser administrer la justice par les hommes que le complaisant Dupin a couverts de l'égide de l'inamovibilité; je ferai sentir la nécessité de revenir sur cette étrange et inconcevable décision, contre laquelle la chambre n'aurait pas manqué de se lever en masse, si elle eût été composée de véritables représentans de la nation.

Cet ouvrage tout spécial paraîtra par cahier de deux à trois feuilles d'impression, et quelquefois de plus, suivant l'étendue de la matière. Pour que l'autorité jalouse, à laquelle je n'ai ni le moyen ni la volonté de fournir un cautionnement de 1,500 fr. de rente, n'assimile pas cet Ouvrage aux Journaux sur lesquels elle fait peser cette charge, j'en produirai un numéro toutes les semaines, mais à des jours indéterminés. C'est une série de brochures, et rien de plus. On est libre de s'y abonner ou de prendre séparément les numéros qu'on croira les plus intéressans. Dans ce dernier cas, le prix sera de 1 fr. 25 c. Si l'on s'abonne pour trois, six, neuf ou douze mois, on ne les paiera que 1 fr. La première de ces brochures, qui aura pour titre : *Abus du Pouvoir de la Chambres*, paraîtra le 25 octobre 1830, chez DELANGLE, libraire, place de la Bourse, et chez PUECH, libraire; boulevart Saint-Martin, n° 31.

Imprimerie de A. HENRY, rue Git-le-Cœur, n° 8.

LES GRIEFS.

ABUS DE POUVOIR DE LA CHAMBRE.

Ce qui est nul de principe, est nul de conséquences.

Par T. Dinocourt.

N° 1.

PARIS,

ON S'ABONNE CHEZ DELANGLE, LIBRAIRE,
PLACE DE LA BOURSE;
ET CHEZ PUECH, LIBRAIRE,
BOULEVART SAINT-MARTIN, N° 21.

1830.

IMPRIMERIE DE DAVID,

BOULEVART POISSONNIÈRE, N° 4 bis.

LES GRIEFS.

ABUS DE POUVOIR DE LA CHAMBRE.

J'ai promis de prouver dans ce premier numéro que la Chambre des Députés a dépassé ses pouvoirs en allant au-delà de l'offre de la couronne à Philippe Ier; je vais tenir parole.

Il faut pour cela remonter au principe de notre glorieuse révolution, et déjà, je dois le dire, je vois avec autant de chagrin que de surprise, des journaux dont l'esprit était excellent il y a moins de trois mois, placer au rang des anarchistes et des factieux ceux qui désapprouvent aujourd'hui les actes de la Chambre. Si ce n'est pas de la mauvaise foi, c'est au moins de l'erreur; et si je prends sur moi de justifier les répugnances que cette Chambre inspire aux amis de la liberté, c'est encore moins pour prouver qu'elles sont bien fondées, que pour démontrer l'injustice que commettent les journaux dont je parle, lorsqu'ils s'efforcent de prêter à ces répugnances le caractère de la sédition ou de la mauvaise foi.

Ah! sans doute, ils auraient raison de s'élever contre ces mécontentemens, ces murmures, s'ils

les surprenaient dans la bouche ou dans les é-
crits des hommes du parti vaincu. Ils ne seraient
alors que les imprécations de la rage et du désespoir d'une faction ennemie, exalant un dernier
soupir de vengeance sous le pied victorieux de la
nation, qui achèverait de l'écraser. Mais il en est
tout autrement, et ces rigides censeurs de nos
réclamations ne peuvent ignorer qu'elles ont
même pour interprètes à la Chambre ce que l'opposition compte de plus courageux parmi le petit
nombre de Députés qui la composent : les Ben-
jamin Constant, les Corcelle, les Audry de
Puiraveau, les Bavoux, les Salverte, les De-
marçay, les Lamarque, et quelques autres athlètes
de cette trempe, ont suffisamment donné à entendre à bien des reprises que la Chambre dont
ils font partie aurait eu besoin d'être reconsti-
tuée à neuf, pour toucher légalement à la
Charte.

Spectateurs immobiles des mutilations que lui
ont faites sans remords leurs autres collègues,
ils ont laissé faire ce qu'ils ne pouvaient empêcher, entraînés comme ils l'étaient par la majorité royaliste, qui s'était obstinée à user d'un
mandat que sa conscience aurait dû lui faire
regarder comme insuffisant pour une tâche aussi
grave.

Comme les trois cents Spartiates contre des
milliers de barbares, cette courageuse opposition ne pouvait que combattre et mourir ; mais

le triomphe était pour elle impossible : elle a combattu, mais le torrent des masses a rendu son courage inutile, et les plus saintes de nos libertés se sont trouvé sacrifiées. Cela devait être, et je l'avais moi-même prévu.

Dans une brochure que je publiai dans les premiers jours d'août, et qui porte pour titre *Point de Provisoire*, en parlant de la nécessité d'engager le Gouvernement à prendre des mesures énergiques et un caractère positif, je disais, m'alarmant de sa lenteur à le faire : « Les hommes
» qui le composent craignent-ils donc plus que
» nous de s'exposer, que nous ne leur voyons
» faire aucun acte qu'on puisse plus tard, en cas
» de réaction, leur reprocher d'avoir signé ?
» Que le Gouvernement agisse donc : il est l'or-
» gane du peuple, et du peuple vraiment souve-
» rain, du peuple qui a droit de se constituer
» comme il le veut, qui peut *briser* la Charte
» ou élargir ses bases pour mieux y asseoir ses li-
» bertés ; lui substituer une constitution toute
» neuve, si c'est son bon plaisir ; se choisir des
» hommes dignes de sa confiance pour l'éta-
» blir et en discuter les articles en sa présence
» ou en celle de ses mandataires.

» C'est au nom de ce même peuple, dont il ne
» doit pas craindre d'être désavoué, que le
» gouvernement peut déclarer la déchéance de
» Charles X et de sa postérité, le chasser du
» royaume et mettre ses ministres hors la loi :

» qu'il fasse donc pour nous cet acte d'autorité,
» et nous serons au moins assurés par-là qu'il
» partagera notre fortune, qu'il périra ou triom-
» phera avec nous.

» Qui l'arrêterait? (qu'on fasse bien attention
» à ce passage) est-ce la Chambre des Députés ?
» Mais, nous pouvons et conséquemment il peut
» la dissoudre en notre nom. Ceux des membres
» qui la composent, s'ils sont des hommes intè-
» gres, courageux, franchement dévoués aux
» intérêts de la nation, ne doivent pas craindre
» de subir l'épreuve d'une seconde réélection; ils
» ne la doivent pas craindre, car cette fois elle
» sera bien véritablement libre, puisqu'elle ne
» se trouvera souillée d'aucune influence du
» genre de celle qui nous valut, à tant de re-
» prises, des esclaves du ministère.

» D'ailleurs, il faut bien remarquer une
» chose : entre un peuple placé dans des cir-
» constances comme celles où nous sommes, et
» une Chambre comme celle qui siége aujour-
» d'hui au corps législatif, il faut que l'explica-
» tion soit nette, franche et sans aucune arrière-
» pensée.

» Les élémens qui composent cette Chambre
» n'offrent pas de garanties suffisantes à la situa-
» tion critique où nous nous trouvons aujour-
» d'hui. Elle est en très-grande partie composée
» de royalistes qui ne vont pas vouloir *traiter*
» *nos affaires* comme elles ont besoin d'être

» traitées (l'événement a prouvé combien j'avais
» raison), ou qui exposeront nos intérêts en
» persistant à en retenir la conduite. Il faut que
» ces hommes disparaissent d'une enceinte où
» leurs devoirs de mandataires de la nation se-
» raient nécessairement et presque à chaque ins-
» tant en point de contact avec leurs opinions
» politiques, et plus encore avec les affections
» de leur cœur.

» Nous n'entendons pas leur faire un crime
» de conserver de l'attachement pour Charles **X**,
» tout coupable qu'il soit à nos yeux : s'ils en
» ont reçu des bienfaits, il est assez juste qu'ils
» lui en conservent de la reconnaissance. Mais,
» comme par le fait seul de cet attachement à
» ses intérêts et à sa personne ils ne peuvent
» sympathiser avec nous, il faut, je le répète,
» qu'ils se retirent chez eux , et s'ils y
» veulent vivre tranquilles en se soumettant à
» notre constitution, à nos lois, ce ne sera
» pas nous qui penserons à troubler les douceurs
» de leur repos. »

J'insiste à dessein sur cette dernière partie
de ma citation, « On n'a pas assez fait attention
» à cette circonstance que par la manière dont
» avait été faite l'avant-dernière élection et celle
» qui l'a suivie , les libéraux n'y pouvaient point
» être en majorité (c'est en grande partie le
» *Constitutionnel* qui a induit la France en
» erreur à cet égard); ils en eurent seulement

» l'apparence par la défection des Députés qui
» passèrent dans leurs rangs, par suite de la
» haine qu'ils portaient au ministère. Comme la
» France partageait leur indignation, on les a
» réélus, surtout ceux qui avaient signé l'a-
» dresse. Ce sont de braves citoyens, j'en dois
» convenir; mais, il est plus qu'évident que si
» le ministère eût été chassé par le roi, ils au-
» raient quitté notre bannière pour descendre
» s'asseoir parmi ce qu'on appelle les *purs roya-*
» *listes,* puisqu'ils se seraient trouvé débarrassés
» de l'objet de leur haine, etc., etc. »

Il était difficile, ce me semble, de mieux pré-
voir que ne l'a fait cette brochure la conduite
qu'ont tenue depuis à la Chambre ces mêmes
Députés qu'on avait eu l'imprudence d'y maintenir. Quelques-uns, fidèles aux tendres souvenirs qu'ils conservaient pour la famille exilée,
ont refusé de participer à l'exhérédation de
leurs bienfaiteurs, et ne sont pas venus à la
Chambre. Ce ne sont pas ceux-là que je blâme ;
mon cœur leur voue au contraire, à défaut de
sympathie, une estime qui me fera toujours ho-
norer leur caractère ; la fidélité au malheur a
toujours quelque chose de sacré qu'on ne saurait trop présenter en exemple, ne fut-ce que pour
faire rougir les âmes étrangères à cette vertu.
D'autres, plus fiers ou moins résignés, mais plus
conséquens que ceux de leurs collègues qui sont
venus retenir le maniement de nos affaires, ont

déclaré, en envoyant leur démission, qu'ils ne se croyaient pas un mandat suffisant pour abroger les droits d'une dynastie ou pour toucher à une Charte qu'on paraissait être dans l'intention de changer ou de détruire. Ceux-là du moins raisonnaient en hommes qui ne traitent pas légèrement un mandat, qui en comprennent les bornes et l'esprit aussi bien que la responsabilité qu'il assume sur leur tête.

Et, en effet, ils ont très-bien senti en se reportant à la cause de leur élection, que c'était bien moins leur dévouement à la cause du peuple que leur haine du ministère Polignac et leur signature au pied de l'adresse qui leur avait valu l'honneur de représenter la nation. Se croyant assez sûrs de leur énergie pour repousser un ministère exécré de toute la France et pour lui refuser le budget qu'il prétendait leur arracher de vive force, ils ont cependant senti qu'il leur fallait quelque chose de plus que cette énergie pour refondre un pacte social comme celui que leurs collègues les invitaient à venir mutiler avec eux.

Les protestations des uns, les scrupules des autres, prouvent assez bien, je pense, qu'on peut soi-même abonder dans de pareils sentimens, quoique par des motifs tout différens, sans mériter le titre de mauvais citoyen ou de perturbateur de l'ordre public. C'est par cette raison qu'en ma qualité de libéral, de penseur, d'ami de mon pays, je proteste aujourd'hui de toute l'énergie de mon âme contre tout ce qu'a fait la Chambre jusqu'à présent, moins l'offre de la couronne à Philippe Ier.

Et qu'on n'aille pas prendre avantage de cette approbation partielle de la conduite de la Chambre en cette occasion, pour m'obliger à accepter tous ses autres actes, parce que ce serait faire usage d'une misérable argutie, d'une subtilité de palais plutôt que d'un raisonnement loyal et sincère comme celui qui doit être employé dans une discussion de cette importance. Plus l'intérêt dont il s'agit est grand, plus il faut de bonne foi, de franchise entre ceux qui se le disputent, s'ils ne veulent pas avoir à rougir de leur victoire; plus il faut d'impartialité à ceux qui sont chargés de l'adjuger. Or, comme il n'est ici rien moins que question du destin de tout un peuple, on me permettra sans doute bien de ne pas me payer d'escobarderies, quand j'ai tout droit d'exiger des raisonnemens de mes adversaires.

Commençons donc le plaidoyer.

Pourquoi la France s'est-elle soulevée tout entière? pour briser le joug honteux qu'une dynastie imbécille et corrompue fesait peser sur elle.

Qu'on ne vienne pas m'objecter qu'avant l'apparition des ordonnances elle ne portait pas si loin son ambition, qu'elle se serait tenue pour contente si, sur sa simple réclamation,

Charles X eût congédié ses ministres et mis à leur place des hommes plus modérés. Je sais à merveille que cette concession du monarque eût satisfait les exigeances du moment, et qu'il ne serait venu à l'idée de personne de le chasser de son trône ; mais, si ce projet n'était alors entré dans l'esprit ou dans les espérances de qui que ce fût, ce n'est pas que plusieurs millions de Français n'eussent déjà formé le souhait bien des fois d'en voir arriver l'occasion. Cette famille, on le sait, n'avait été acceuillie chez nous qu'avec répugnance, comme l'a très justement dit l'éloquent et véridique Manuel, à qui cet acte de sincérité valut une expulsion si violente du sein de la Chambre. On ne haïssait pas, mais on méprisait cette branche de la famille des Bourbons, et cela par des motifs honorables pour le caractère de la nation.

Plus préoccupée encore des souvenirs de sa gloire militaire que des maux qui en avaient été la suite, elle ne pouvait jamais voir avec plaisir une famille ramenée au milieu d'elle par des baïonnettes étrangères, et qu'elle devait d'ailleurs supposer grosse de ressentimens et de projets de vengeance.

Sa manière de gouverner a prouvé si la France avait raison de s'en défier, et si Manuel avait été trop loin en tenant le langage qui fit si violemment éclater contre lui la rage du parti ultrà. La France aurait été sauvée ce jour-là, je l'ai écrit en

1826, dans *l'Ombre d'Escobar* : « Si les membres
» de l'opposition, aussi réellement fermes qu'ils
» avaient affecté de le paraître, eussent fait un
» rempart de leurs corps à leur collègue, au lieu
» de le défendre par d'impuissantes protesta-
» tions ; si par leur résistance ils eussent mis nos
» satellites (c'est Escobar que je faisais parler de
» la sorte)dans la nécessité de faire usage de leurs
» armes pour accomplir les ordres qu'ils avaient
» reçus ; si sortant enfin avec le noble exilé,
» dans la ferme intention de partager sa gloire
» et ses périls, et refusant de rentrer dans une
» enceinte aussi outrageusement violée, ils eus-
» sent appelé le peuple à la vengeance contre les
» auteurs de cette sorte de sacrilège, comme ils
» étaient en droit et en position de le faire, etc.»

Mais ce que l'opposition de ce temps-là n'a point
eu le courage de faire à cette époque, le peuple
vient de le faire lui-même tout récemment, et
c'est des conséquences toutes seules de sa victoire qu'il convient maintenant de s'occuper.

Bien que ce soit une violation de la Charte qui
lui a mis les armes à la main, on aurait grand tort
d'en conclure qu'il était amant passionné de la
Charte ; il ne l'aimait pas plus qu'il n'avait aimé
la famille qui la lui avait donnée. Assez de viola-
tions, déjà aux articles les plus importans de
cette Charte lui avaient appris à penser qu'elle n'é-
tait rien de plus aux yeux de son auteur qu'un
passeport qu'il était dans son intention de dé-

chirer quand il aurait complètement acquis chez nous le *droit de bourgeoisie*. On ne peut donc à cet égard se prévaloir du cri de ralliement proféré par le peuple aux sanglantes journées de juillet, pour dire qu'il voulait et qu'il veut encore de la Charte. C'est une supposition absolument fausse, j'oserai même dire mensongère et déloyale. Elle n'a pu être proclamée comme une vérité que par les hommes à qui cette Charte conférait des titres, un état ou des dignités.

Ce que le peuple veut, c'est une large liberté et des institutions capables de la lui assurer pour toujours. Il est juste replacé par sa victoire dans la position où il s'est momentanément trouvé en 1814, quand, en possession de l'abdication de Napoléon, il était invité par l'empereur de Russie à se choisir un mode de gouvernement quelconque.

Il est exactement dans la même position, avec cette différence, pour lui très-avantageuse cependant, qu'il n'a pas, comme alors, six cent mille étrangers en armes au cœur de ses cités, tous prêts à contredire son choix si ce choix leur déplaît; des sénateurs ingrats et corrompus, empressés de le livrer comme un vil troupeau de bétail à ceux qui leur en donneront meilleur prix; un gouvernement provisoire enfin empressé d'assurer sa propre fortune aux dépens des droits que l'ennemi lui-même avait respectés.

Si donc les événemens, la providence et son

courage lui ont fait reconquérir tous ses droits, n'est-il pas odieux de vouloir se servir, pour régler ces mêmes droits, des hommes qui ont précisément servi à les lui ravir autrefois? Le béfroi de l'Hôtel-de-Ville, qui a proclamé la victoire du peuple, n'a-t-il pas en même temps marqué la dernière heure du pouvoir de la tyrannie? Et tous ceux qui tenaient d'elle des mandats, des postes, des titres, des pensions, des emplois, des honneurs, n'ont-ils pas dû s'abîmer avec elle ?

Qu'on ne s'y trompe pas ; c'est là le vœu de la France. Elle a sans doute horreur des réactions sanguinaires, elle ne relèvera point les échafauds par représailles ; mais elle ne veut plus revoir aux affaires aucune des créatures du pouvoir déchu, et elle a raison de ne pas les y souffrir, parce que leur personne ne peut y apporter que du trouble et des ferments de discorde, parce que des êtres assez vils pour avoir sacrifié l'honneur, l'existence et la liberté de leurs concitoyens aux caprices despotiques du tyran qui dotait leurs lâches complaisances, ne manqueraient pas d'en faire autant en faveur de ceux qui pourraient vouloir continuer de les mettre au même usage.

On ne veut pas plus d'eux dans les emplois secondaires, et cela parce qu'il n'en existe peut-être pas un seul, si mince qu'il soit, qui n'ait son influence sur les personnes et sur les choses placées dans la dépendance de cet emploi. Lors même enfin que cette raison n'existerait pas, le peuple ne voudrait pas davantage voir ses ennemis en possession des places au préjudice de ses défenseurs, ou d'une foule d'honnêtes gens à qui elles auraient dû être données par préférence. Or, à cet égard, on peut dire que, Dieu merci, les changemens, les destitutions dont on fait tant de bruit sont loin d'avoir été tous opérés dans ce sens. Je connais pour ma part bien des gens à qui il eût été du devoir du Gouvernement d'offrir de l'emploi dans le civil, dans le militaire, ou dans l'administration, et aux demandes desquelles on n'a répondu que par le plus dédaigneux silence ou par des refus aussi mortifians. Et l'on sait en outre que, parmi ceux qu'on a pourvus, bon nombre d'intrigans l'ont emporté sur les gens assez simples pour croire qu'on regarderait au mérite, à la probité et au dévoûment à la cause nationale. Un homme d'esprit, à qui l'on en demandait la raison en ma présence, n'hésita pas à répondre au questionneur : c'est que les rois aiment toujours mieux s'entourer de ceux qui soutiennent les trônes que de ceux qui les jettent par terre.

La réponse était amère, mais peut-être trop juste; et au genre de monde que l'on conserve, qu'on pousse aux emplois, on est tenté de croire que telle est effectivement la pensée des gens qui font aujourd'hui nos affaires : il n'y a, pour le supposer, qu'à regarder aux choix de quelques-uns d'entre eux.

Tel est envoyé comme préfet à....., et le premier acte d'autorité qu'il fait en y arrivant, est d'imposer à une commune de quinze cents habitans un maire qu'elle rejette avec indignation, pour nommer à sa place un homme qui jouit de son estime, et quelle sait être en état de soutenir ses intérêts.

Pourquoi cette bévue de M. le préfet de.......? Si on eût fait choix pour remplir ce poste important d'un homme libéral et pénétré des devoirs de sa place, aurait-il été aussi malheureux à son début? Est-ce erreur de la part du ministre qui l'a nommé? Je le souhaite; mais il faut déplorer des erreurs qui peuvent avoir de si fatales conséquences, erreurs qui feraient presque croire que le Gouvernement d'aujourd'hui a, comme celui auquel il succède, l'intention de soumettre les colléges électoraux à son influence; car malgré les circulaires toutes libérales qu'on adresse à ce sujet aux suprêmes organisateurs de ces colléges, l'esprit se trouve, sans qu'il en veuille, assailli du soupçon qu'il peut derrière ce beau manifeste se trouver des instructions secrètes destinées à faire faire tout le contraire de ce qu'il recommande. Le public, qu'on croit si facile à duper, est quelquefois bien fin.

Tel receveur d'arrondissement que je ne nommerai pas, est connu pour un énergumène de tout le ressort sur lequel il exerce sa domination financière. Il est également à la connaissance de chacun que, se trouvant d'un *gala* donné dans la ville qu'il habite, la veille même de la publication des fatales ordonnances, et dans la vue de leur souhaiter longue vie et prospérité, ce misérable fut le premier qui proposa de boire *au roi absolu;* et le *pandémonium* d'applaudir en trépignant de joie à cette noble provocation.

Je ne citerai que ces deux faits, quoiqu'il me fût très-facile d'en ajouter beaucoup d'autres à peu près pareils; mais ces deux là me suffisent de reste pour prouver que la nation a toute raison de s'indigner qu'on maintienne encore en place de pareils hommes. Je répète surtout qu'elle a droit de les repousser d'elle-même, si les ministres ne le font pas, de tous les postes où ils peuvent exercer la moindre influence sur ses destinées.

Si cela est dans son droit, comme on ne saurait le lui contester, combien n'est-elle pas plus intéressée encore à les écarter du sein d'une assemblée chargée de lui préparer des lois, de lui donner des institutions ! Je prends ici le parti, pour établir victorieusement ce que j'avance, de transcrire une lettre que j'avais écrite à ce sujet au *Journal des Débats,* mais que monsieur le rédacteur en chef s'est bien gardé d'insérer, parce que, sans doute, il avait trouvé trop difficile d'y répondre : c'était un de ses articles éternellement laudatifs, dont il surcharge ses colonnes depuis qu'il s'est fait ministériel, qui me l'avait inspirée.

Paris, 16 septembre 1830.

MONSIEUR LE RÉDACTEUR,

« J'ai bien peur de vous paraître indiscret en vous demandant pourquoi vous défendez avec une chaleur aussi soutenue la Chambre des Députés, quand il paraît d'ailleurs par tout ce qu'on dit et écrit contre elle tous les jours, qu'elle convient à si peu de monde. Est-ce que, par hasard, vous seriez revenu sur le respect qu'on doit à l'opinion, ou prétendriez-vous ne voir dans cette clameur de *haro*, qui me paraît, à moi, si générale, que l'expression du mécontentement de quelques individus intéressés à troubler l'ordre public, parce que le gouvernement n'aurait pas encore contenté leur ambition ? C'est ce que vous me feriez un très-grand plaisir de m'expliquer, et peut-être ce plaisir ne sera-t-il pas pour moi tout seul, car je sais bon nombre de vos abonnés qui ne seraient pas fâchés non plus de savoir à quoi s'en tenir avec vous là-dessus.

» Habitués qu'ils étaient à vous voir emprunter vos argumens à votre conscience encore plus qu'à votre esprit, ils s'étonnent comme moi de vous voir aujourd'hui émettre et favoriser des principes

forts différens de ceux que vous défendiez na-
guère avec un talent aussi incontestable que
votre bonne foi était exemplaire.

» Je suis tellement de leur avis sur ce point, que
je me suis promis de vous en écrire, et je le fais
tant bien que mal. Fasse le ciel que vous ne
vous en offensiez pas ! car, après la colère des
dévots, je ne redoute rien tant au monde que
celle des gens d'esprit, et j'ai peut-être de bonnes
raisons pour souhaiter plus que tout autre de
rester en paix avec vous : expliquons-nous donc
sans nous fâcher.

» La Chambre dont nous parlons n'est-elle donc
pas, en très-grande partie, le produit d'élections
faussées, viciées de toutes les manières par les
précédens ministres, qui avaient envie de se pen-
dre toutes les fois qu'en dépit de leurs précautions ils voyaient arriver un libéral ?

» Est-ce qu'à cela près de soixante-dix ou qua-
tre-vingts hommes de talent et de conscience,
vous ne conviendrez pas avec moi que tout le
reste est un peu trop essentiellement monarchi-
que pour conduire nos affaires dans le sens de
la révolution qui vient de s'opérer ?

» Est-ce que vous ne trouvez pas plus loyale et
plus franche, et conséquemment plus estimable,
la conduite de ceux qui ont résigné leur mandat,
que celle de leurs collègues qui ont persisté à le
retenir, tout en avouant hautement ou laissant
percer leurs regrets du parti qu'a pris Charles X

de nous débarrasser de sa personne et de sa dynastie ?

» Si ces gens-là restent quand leurs autres amis,
plus consciencieux, se sont retirés, n'est-il pas
permis de présumer que c'est plutôt pour leur
intérêt particulier que pour celui de la nation,
eu égard au peu de sympathie qu'ils se sont toujours sentie pour elle ? Le poste de député était
si beau, le temps passé, qu'ils sont fort excusables de croire y rencontrer encore d'assez bons
avantages à s'y maintenir aujourd'hui, quoiqu'on
parle beaucoup d'économies.

» D'ailleurs, pour préjuger la conduite future
de ces messieurs par celle qu'ils ont tenue depuis leur installation, voyons quelques-uns de
leurs actes. Ils n'en ont fait qu'un seul que l'a-
légresse du peuple ait sanctionné, c'est le cou-
ronnement de Philippe d'Orléans comme roi de
France ! Du reste, ils ont mécontenté tout le
monde au suprême degré. Au lieu de borner là
leur mission, qui n'était devenue leur qu'à raison
des hautes nécessités de la circonstance, qui vou-
laient qu'avant tout on donnât un chef à l'État,
ils se sont arrogé le droit de changer au gré de
leur caprice les conditions de notre pacte social,
et, ce qui est plus hardi encore, d'imposer à ce travail hâté le caractère religieux de l'indestructibi-
lité. Se sont-ils donc crus autant de législateurs
infaillibles, ou l'aveuglement de l'orgueil les a-t-il
portés à penser que la France mériterait le titre

de séditieuse en infirmant celles de leurs décisions qui lui paraîtraient contraires à ses intérêts
ou à sa liberté?

» C'est prendre de ses capacités de son génie,
une bien haute opinion, il en faut convenir, que
d'imposer à trente-deux millions d'âmes, comme
une œuvre parfaite, le fruit de douze ou quinze
heures de préoccupation sur un aussi grave sujet.
C'est surtout avoir une bien grande opinion de sa
force ou de sa popularité que de penser avoir
par là conquis l'universalité des suffrages de la
nation, ou s'être cru en état de braver son
blâme !

» Au moins, pour tenter une entreprise aussi
importante, auraient-ils dû attendre qu'ils fussent au grand complet, ou que les principales
villes de France, les en dispensant par leurs
adresses, fussent venues les presser de faire
un pareil usage de leur mandat. Il est arrivé
grand nombre de députations des extrémités du
royaume pour féliciter Philippe de son avène-
ment au trône. Ces députations semblaient être
en cela pressées du besoin de sanctionner un choix
qu'elles savaient être celui du peuple; mais il
n'en est pas une à qui la pensée soit venue d'aller
prier la Chambre des Députés de lui faire une
constitution ou d'approprier la Charte aux besoins agrandis de la société.

» Le silence tout seul de la France à cet égard
prouve qu'elle s'attendait à pouvoir envoyer des

hommes de son choix pour cette mission toute spéciale, bien autrement importante, à coup sûr, que la révision des comptes d'un ministre et le refus d'allocation de fonds pour un nouveau budget; or, chacun sait que la grande majorité des membres qui composaient la Chambre n'ont été nommés qu'à cette fin, et que ce sont bien moins leurs capacités ou leur patriotisme que leur haine du ministère Polignac qui a déterminé le pays à les élire. La conséquence de cette idée, commune à tous les hommes du plus simple bon sens, est que cette Chambre a bien véritablement outrepassé ses pouvoirs en allant au-delà de l'offre de la couronne au généreux prince qui a bien voulu en accepter le fardeau, pour assurer notre salut et nous conserver tous les fruits de notre victoire.

»Que si j'abaisse maintenant mes regards sur le *replâtrage* de ces messieurs, si âpres à se cramponner aux affaires, je prouverai que rien n'est plus décevant, plus illusoire, que ce qu'ils osent nous présenter comme une œuvre de sagesse inattaquable.

»Je leur demanderai, ou plutôt c'est à vous que je m'adresserai pour savoir quel bien ils ont entendu faire au pays en couvrant de l'égide de l'inamovibilité des juges corrompus, lâches valets de tous les despotismes, et qui n'ont pas rougi à toutes les époques, notamment depuis la restauration, d'opprimer, de condamner, de livrer à la hache des bourreaux les victimes qu'il avait plu à l'autorité de leur désigner comme coupables.

» Assassins de Caron, de Berton et de tant d'autres dupes des plus coupables provocations ; complices des meurtres de la rue Saint-Denis par votre lâche jugement, qui laissa l'assassinat impuni parce que les auteurs du crime vous paraissaient placés dans de trop hautes régions pour être appelés à votre barre ; éternels oppresseurs des écrivains libéraux, qui avez toujours condamné la raison, le courage et la vérité; qui en avez jeté les apôtres dans des cachots infects, en souffrant qu'on les confondît avec les derniers scélérats ; vous encore qui, en dernier lieu, avez traîtreusement menti à la France , en proclamant qu'il n'y avait pas de jésuites, quand ils pullulaient dans tous les emplois et surtout dans l'instruction publique; vous, enfin, qui avez bassement, honteusement repoussé l'accusation de Montlosier , dormez tous tranquilles sur vos siéges, la Chambre des Députés vous y maintient, car il est apparemment convenu entre eux que la révolution ne doit profiter qu'aux intrigans, aux traîtres et aux parjures, et que le talent, le patriotisme et l'honneur continueront autant qu'ils le pourront d'être mis à l'index pour toutes les fonctions publiques, quelques droits qu'ils aient d'ailleurs à la reconnaissance et à la confiance du pays.

»Il est pourtant juste d'avouer qu'en ce qui a dépendu de Sa Majesté et de quelques-uns de ses ministres, il s'est fait de très-bons choix; mais il y a tout à parier que si la Chambre eût été chargée de ce soin, ses nominations se seraient fort ressenties de l'esprit de justice qui éclate si hautement dans son travail sur la Charte.

» C'est ainsi qu'au lieu de déclarer la presse libre de tout entrave, elle la soumet encore aux lois existantes... ou à d'autres qui ne vaudront peut-être pas mieux; quand, sauf la vie privée des particuliers qu'il faut préserver des atteintes de la calomnie, je ne vois pas de restriction qui ne soit mortelle à cette précieuse liberté; mais nous aurons, sans doute, encore des imprimeurs à brevets, que la crainte de les perdre rendra soigneux de ne se charger que de ce qui ne pourra pas déplaire aux susceptibilités des puissants du siècle.

»C'est ainsi encore qu'on abaisse le cens et l'âge des électeurs et des éligibles, comme si c'était la seule condition qui dût procurer à la France de bons députés : véritable concession jésuitique qui ne peut tromper que les niais du parti libéral, mais qui a pour objet de perpétuer l'ilotisme des gens de talent et de cœur, dont la cote contributive ne s'élève souvent pas à vingt francs; j'en appelle à une foule de savans, de gens de lettres et de personnes étrangères au commerce, mais qui seront *primées* par leurs bottiers.

» Horreur ! horreur ! dégoût, perfidie, mensonge, absurdité, le travail de ces messieurs provoque tous ces sentimens, fait éclore toutes ces idées dans les esprits, même les plus favorablement prévenus pour eux.

» A cela près, je le répète, du petit nombre d'hommes respectables que je vois figurer parmi eux, et qui gémissent de se trouver en si mauvaise compagnie parlementaire, je m'explique, je ne sais pas ce qu'on pourrait rassembler de moins digne de représenter la nation. C'est bien aussi parce que le for intérieur le leur a dit qu'ils n'ont pas voulu courir les chances de la réélection que leurs autres collègues auraient affrontées avec joie.

» J'en aurais encore bien d'autres à dire; mais je me garde pour le moment où vous aurez réfuté ces quelques objections avec conscience et bonne foi.

» En attendant, veuillez me croire

» Le plus mécontent de vos abonnés.»

P.S.« Je compte assez sur votre empressement à relever ce gage de bataille pour ne pas me mettre dans la nécessité de l'envoyer à un autre journal. Votre refus de le faire pourrait donner à penser que la tâche vous aurait paru trop difficile... D'ailleurs, remarquez bien que je ne cherche qu'à m'éclairer. »

Voilà ce que j'avais écrit à messieurs des Débats, mais ce à quoi personne d'entre eux ne s'est avisé de répondre, et leur silence à cet égard me semble donner une assez juste mesure de leur libéralisme actuel. Ils seraient mal reçus aujourd'hui à dire pour excuse que leur adversaire ne leur paraissait pas digne de leurs coups, ou qu'ils ont toujours regardé comme au-dessous de leur dignité de faire cet honneur à un anonyme. Aucune de ces raisons ne serait valable aux yeux du public, j'en suis certain, maintetenant qu'il a connaissance de cette lettre.

Le dédain ne fait honneur au cœur ni à l'esprit de celui qui l'emploie dans des points de discussion de cette importance ; et quoique je n'aye pas signé ma lettre, si mal dictée qu'elle ait pu paraître à l'Aristarque de ce journal, il semble que le style et la non signature eussent dû fort peu le toucher, si du reste les idées étaient d'accord avec les faits sur lesquels j'appelais son attention. Or, elles l'étaient j'espère, et elles le sont encore, comme mes lecteurs se plairont sans doute à le reconnaître, et je ne vois pas ce que la morgue de ces messieurs a pu ôter de force aux argumens dont je me suis servi pour attaquer les actes qu'ils ont toujours si complaisamment admirés, sans jamais en pouvoir prouver la bonté.

Ces actes sont odieux, je le proclame ; il n'en est pas un seul que la nation ne désavoue, et je

porte le défi au plus habile d'entre ces *louangeurs*
de m'en démontrer la justice. Non, je le répète
et le soutiens, la Chambre n'a pas eu le droit de
toucher à notre pacte social sans se faire donner
par la Frauce un nouveau mandat. Il en fallait
un spécial, et elle ne l'a pas obtenu. Les droits
de tout un peuple sont-ils donc moins sacrés
que celui d'un simple particulier? C'est à vous
que je le demande, échos éternels du mot *légalité*,
que vous jetez à tous propos dans vos feuilles
adulatrices, depuis que le néologue par excel-
lence de la Chambre l'a introduit dans notre
langue; c'est à vous, c'est à lui, c'est à tous ceux
qui ont la moindre idée de notre législation, que
je demanderai si la première condition d'un
mandat n'est pas d'exprimer l'objet pour lequel
il est donné; si le plus sacré des devoirs de celui
qui en est chargé, n'est pas de se tenir renfermé
dans les bornes qui lui sont indiquées par ce
mandat; si tout ce qu'il fait au-delà de ce qu'il
a charge de faire n'est pas frappé de nullité de
plein droit. Tel régit mes biens qui n'a certainement pas droit de les vendre. Comment donc des
hommes nommés par des fonctionnaires publics,
des agens salariés de l'ex-gouvernement, et à
l'égard desquels on n'a épargné aucun des moyens
connus de violenter les consciences; comment,
dis-je, de tels hommes oseraient-ils se prétendre
investis par la nation du droit de la représenter,
et surtout de toucher à sa constitution? Com-

ment osent-ils le soutenir, quand près d'un tiers d'entre eux s'en sépare avec une conviction toute contraire, quand cette conviction est encore dans le cœur de ceux de leurs collègues qui forment aujourd'hui l'opposition, quand cette conviction enfin anime au dehors et par toute la France tout ce qu'on y compte d'ames nobles et généreuses, d'hommes dévoués à la cause nationale et qui l'ont constamment défendue par leurs actes ou par leurs écrits dans des temps où les destitutions, les emprisonnemens et les amendes étaient le prix obligé du patriotisme !

C'est en vain que, pour vous faire respecter comme nos mandataires, vous vous êtes armés du droit honteux de citer à votre barre les écrivains, qui auront le courage de vous contester la validité de ce mandat. Je suis prêt, si vous m'y traduisez, à vous dire que le peuple ne vous reconnait pas pour ses délégués, que vous n'aurez bien réellement cette qualité et de droit à sa vénération que lorsque vos noms, victorieux d'une épreuve devenue indispensable, seront sortis de l'urne électorale agitée par la main impartiale de cette même nation que vous traitez en Ilote ; et ils n'en sortiront bien légalement que quand les assemblées primaires composées de tout ce que les villes renferment de citoyens patentés ou payant un droit quelconque à l'État, ou même ceux qui n'en payant aucun l'en dédommagent par l'éclat que projètent sur lui leurs travaux dans les sciences, dans les lettres ou dans les arts libéraux, seront entrés comme élémens nécessaires dans ces immenses colléges et auront jeté vos noms dans cette urne.

Jusques-là, tout ce que vous toucherez sera frapppé de mort de plein droit, et les citoyens sont dès-à-présent autorisés à refuser de se soumettre aux lois que vous vous êtes permis de faire. Je le soutiens, l'Europe qui de toutes parts en ce moment combat pour le recouvrement de ses droits, indignement méprisés par ses tyrans, sera sur ce point de mon avis. Je dis plus, c'est qu'elle frappera d'avance de nullité les décisions des cours, des tribunaux où siégera un seul des magistrats nommés par Charles X! On ne veut d'aucun des fauteurs de sa tyrannie; et c'est une des plus flagrantes trahisons envers le pays que de les maintenir sur leurs siéges, car toujours ils jugeront dans le sens du pouvoir, toujours ils traiteront de factieux, d'ennemis de l'État, de perturbateurs de l'ordre public, ceux qui demanderont le rénversement d'un ordre de choses aussi monstrueux. On veut la justice et la liberté, et l'on ne peut compter en jouir tant que l'une sera réglée par des hommes dont le cœur la repousse, tant que l'autre sera administrée par des âmes serviles qui ont constamment enchaîné la presse ou favorisé par un honteux silence les excès les plus révoltans du pouvoir.

Sanctionner le principe de l'inamovibilité pour sauver de pareils magistrats de l'animadversion publique, est un des actes les plus propres à prouver l'impopularité de la Chambre. A la voix de Dupin, de cet homme qu'on trouve toujours quand il y a un droit important à immoler, bien qu'il manque rarement l'occasion, pour soutenir sa réputation de libéralisme, de nous faire octroyer ceux qui ne tirent pas à conséquence, ces trônes de l'iniquité ont été respectés, sans doute, par ce qu'il a pensé que le despotisme à venir ne pourrait jamais être mieux soutenu que par ceux qui avaient prêté leur appui à l'ancien. Grâces lui en soient rendues; mais je doute que ce service, tout empreint qu'il ait paru de sa sollicitude pour la gloire nationale, ouvre jamais à son cercueil la porte des caveaux du Panthéon! On n'est jamais un grand citoyen, maître Dupin, si habile orateur que l'on soit, quand on fait servir son éloquence au triomphe d'un principe aussi détestable que celui-là, quand surtout il doit avoir des conséquences aussi fâcheuses pour les libertés de son pays.

Sans doute, l'inamovibilité dans la magistrature est une bonne chose en soi, quand elle a été un utile bouclier à des hommes de courage et de conscience, et qu'elle leur a servi à rendre sous son abri des arrêts favorables à l'immo-

cence et à la vérité persécutées par la tyrannie.
Mais le maintien de cette inamovibilité devient
un privilége abusif et monstrueux du moment
qu'elle conserve leur état à des hommes qu'elle
n'a pas empêchés de le polluer, de le souiller par
d'odieuses et de lâches complaisances pour cette
même tyrannie qu'il leur était si facile de braver;
c'est leur conserver le pouvoir de faire encore, à
l'occasion, de nouvelles victimes; c'est décourager
le patriotisme et la vertu, mais priver surtout
d'honnêtes citoyens de sièges où l'estime publique avait marqué leur place au jour où la
France entière crut que tous ces prévaricateurs
en auraient été chassés sans retour.

Que la Chambre et Me Dupin ne s'y trompent
pas, tout ce que leur défaut de libéralisme les aura
empêchés d'accorder à la nation, la nation saura
bien se le donner à elle-même. J'ai cité l'exemple
d'une commune qui s'est violemment défait d'un
maire que le préfet du département lui avait imposé. Il en sera de même dans toutes les villes, dans
toutes les communes auprès des quelles on aura
délégué ou maintenu des fonctionnaires publics
ou des magistrats dont le caractère, la conduite
ou les opinions auront donné prise à la critique ;
et, si le pouvoir est assez imprudent pour vouloir
faire respecter ses choix par la force, le pouvoir
sera méconnu et brisé comme l'a été celui qui
vient de s'écrouler tout à l'heure : la conscience

publique est plus juste, plus infaillible dans ses décisions que ne peut l'être le corps délibérant le mieux constitué, et c'est une grave faute à un ministre que de mépriser les réclamations qui peuvent lui être faites au sujet de ses choix.

Et qu'on ne rejette pas cette [improbation qui éclate souvent sans mesure contre les choix de l'autorité, qu'on ne la rejette pas sur l'esprit d'anarchie et de désordre dont on suppose trop légèrement les esprits préoccupés dans les temps de révolution : la foudre ne part pas de là; elle émane souvent, presque toujours d'un juste sentiment d'indignation contre ceux qu'elle frappe. C'est ainsi qu'à Angers elle a éclaté contre des hommes qui tout récemment avaient fait preuve de la servilité la plus révoltante dans l'affaire ou furent si indignement outragés les deux honorables députés à qui la généreuse population de cette ville était venue offrir les plus touchans témoignages de sa reconnaissance!

C'est ainsi que chez nous, ces jours derniers, tout le tribunal de police correctionnel s'est trouvé exposé à l'humiliante avanie que lui a ménagée le président de la Société des Amis du Peuple.

Ce que cet homme énergique leur a dit aura de l'écho dans toute la France. Partout on répétera aux créatures du tyran vaincu : retirez-vous; nous ne vous reconnaissons plus pour nos juges; cédez la place à d'autres, plus dignes de l'hermine que vous avez souillée. Ce concert d'imprécations doublera de force quand il s'adressera à ces Cours suprêmes devant lesquelles ont été évoquées des causes d'un haut intérêt, d'un intérêt éminemment national.

C'est ainsi que, si l'on voit siéger encore dans notre Cour Royale les hommes qui ont laissé sans vengeance les assassinats de la rue Saint-Denis, et supposant qu'ils ont reçu de l'or pour ne pas rechercher les coupables, ou que le rang de ces derniers a glacé leur courage et fait tomber l'épée de Thémis de leurs mains, on leur criera : lâches ou infâmes, retirez-vous, car votre vue ne peut plus nous inspirer désormais que de l'horreur ou du mépris.

On énumérera devant eux les confirmations des jugemens de police correctionnelle qui amendaient et emprisonnaient les écrivains libéraux, et celles qui *blanchissaient* les énergumènes du parti ultrà. On leur rappellera leur refus de poursuivre l'odieuse corporation qui leur fut dénoncée par l'opinion publique bien avant l'apparition du livre de Montlosier, et même bien avant celle de ma brochure intitulée : *Me ferai-je jésuite?* qui aurait cependant précédé de six semaines cette dénonciation qui fit tant de bruit, si la cour, au lieu de juger ma cause sommairement ne l'eût pas retenue dix mois au rôle, et si après ce terme elle ne m'eût condamné sans vouloir m'entendre (1).

---

* Je le dis ici à regret pour la réputation de libéralisme attribuée à M. Séguier, c'est lui-même qui, sur la proposition d'aller chercher mon avocat, alors occupé à la seconde chambre, répondit que la cause lui paraissait suffisamment instruite pour être jugée, et je fus, sans plaidoierie, condamné sur le rapport d'un conseiller qui n'avait pas même daigné m'appeler. Le résultat de cet arrêt fut la consécration de ce principe monstrueux qu'un imprimeur n'est tenu à aucuns dommages et intérêts envers un auteur dont il a imprimé le manuscrit, quand le caprice de ne pas lui en livrer les exemplaires vient à traverser son esprit. J'avais eu soin de faire remarquer, dans un mémoire par moi publié sur cette affaire, que ce caprice pourrait prendre souvent à un imprimeur jaloux de faire sa cour à l'autorité, pour des ouvrages où l'on attaquerait sa conduite, et que c'était mettre par là la liberté de la presse à sa discrétion d'une manière fort commode. Cela n'a pas empêché M. Séguier de décider que mon imprimeur avait eu raison d'avoir peur de perdre son brevet, et moi tort de lui demander des indemnités pour l'inexécution du traité qu'il avait fait avec moi Le tribunal de commerce, qui comptait alors au moins autant de gens dévoués au pouvoir que la Cour Royale, avait jugé dans ce sens; mais pouvais-je et devais-je croire que M Séguier, dont on faisait sonner si haut l'indépendance, n'aurait pas rougi de sanctionner une décision si fatale aux intérêts des gens de lettres et à ceux de la liberté de la presse ! Ce procès m'a occasionné une perte de cinq mille francs, et M. Duverger, mon imprimeur d'alors, est aujourd'hui directeur de l'imprimerie du Gouvernement !

Pour mon propre compte, je déclare que si jamais je suis traduit devant quelque cour ou tribunal composés de quelques-uns de ces mammons d'iniquité, je leur déclarerai avant toute instruction que je ne leur reconnais pas le droit de me juger. Ils pourront après cela, s'ils le veulent, m'appliquer le maximum de la peine pour venger leur vanité blessée, car je n'accorde même pas d'orgueil à de pareils êtres, ou seulement le *minimum* pour faire croire au public à des sentimens généreux qu'ils n'ont jamais eus; le résultat sera toujours pour moi le même, et mon opinion à leur égard ne changera jamais. Des hommes sans conscience, sans courage et sans dignité, voilà ce qu'ils seront toujours pour moi et pour toute la France; ils ne seront que cela, comme les députés qui siégent actuellement à la Chambre seront toujours des produits d'élections faussées, viciées, violentées de toutes les manières par tous les ministères qui se sont succédés depuis la restauration.

Ces hommes-là vont, je le prévois, comme dans l'*Ombre d'Escobar* j'ai prédit le coup que les jésuites porteraient cette année même à nos libertés; ces hommes-là, dis-je, vont rouvrir le gouffre non encore fermé de la révolution, et c'est peut-être là-dessus qu'ils comptent pour nous jeter dans l'anarchie ou se ménager à eux-mêmes les faveurs que tout gouvernement promet à ceux qui veulent bien l'aider à *museler* une nation. Mais ils ne réussiront pas plus dans l'un que dans l'autre projet : nous avons le sentiment de nos droits, et nous saurons les faire prévaloir en dépit de tous leurs efforts pour nous en priver. Et comme c'est en faisant ressortir la mauvaise foi de leurs actes que nous parviendrons à prouver celle de leurs intentions, je me charge, pour mon compte, de suivre pied à pied toutes leurs décisions, et il ne me sera que trop facile d'établir qu'ils n'ont encore rien fait que d'éminemment contraire à nos intérêts et à nos besoins.

Leur tenacité à rester aux affaires est presque aussi surprenante que notre stupidité à les y souffrir. A Dieu ne plaise, pourtant, que je m'arrête à la pensée de conseiller à qui que ce soit de leur aller faire insulte ; ce n'est jamais ainsi que j'entendrai la liberté : ceux que j'y vois avec le moins de plaisir seront toujours à mes yeux des citoyens français, que je veux laisser libres de conserver leur opinion comme je veux l'être de dire et de publier la mienne. Je ne demande même pas mieux que de les voir continuer d'y siéger, si la France, consultée de la manière que j'ai dite, consent à leur conférer le titre que je leur conteste aujourd'hui. Mais il faut, qu'ils se soumettent à cette épreuve, il le faut et que l'ouvrage monstrueux qu'ils viennent d'élever entre eux et nous, pour garantir leur prétendue inviolabilité, s'écroule au bruit des pas des véritables défenseurs de nos libertés, que nos suffrages appelleront à les remplacer.

Il faut, une pétition à la main, prier le Roi-Citoyen qui a juré de nous maintenir libres d'ordonner par toute la France la convocation des assemblées primaires, dans la forme la plus favorable à l'émission du *consensu omnium* des anciens. Que la condition de l'éligibilité soit seule dans le mérite personnel de l'homme, dans ses capacités et dans son caractère, mais point du tout dans le cens qu'il peut payer à l'État. Il faut qu'un homme qui ne lui paierait pas un écu puisse être député, si ses concitoyens le jugent digne de cet honneur.

Que la condition d'électorat toute seule soit le cens, mais dans un cens si minime, que le tribut d'une patente de dernière classe suffise pour conférer au citoyen français la qualité d'électeur; mais qu'elle soit acquise de droit aux savans, aux gens de lettres, et à tous ceux qui professent les arts libéraux ; car il est sans doute bien temps que cette portion si honorable du corps social, et qui lui a de tout temps rendu de si grands services ou acquis tant de gloire, n'en soit plus repoussée comme une compagnie de lépreux dont on doive éviter le contact; il est temps surtout que le Gouvernement abjure cette vieille erreur, à laquelle il n'a lui-même jamais cru, quoiqu'il l'ait toujours soigneusement propagée, que ceux qui n'ont rien dans un État sont toujours intéressés à le bouleverser quand l'occasion s'en présente.

C'est un mensonge aussi impudent que grossier, détruit d'ailleurs par la conduite plus que circonspecte qu'ont au contraire toujours tenue ceux qui possèdent quelque chose, et qui ont constamment été les premiers à vendre les intérêts de leurs concitoyens à ceux qui pouvaient flatter leur ambition ou leur avarice : un homme de talent a ordinairement plus d'indépendance et de fierté dans le caractère qu'un Crésus de finances ou de propriétés territoriales. On peut compter sans peine ceux qui ont prostitué leur talent ou vendu leur plume au pouvoir; c'est une bien faible exception au grand nombre d'écrivains et de publicistes courageux qui ont su résister à ses séductions comme à ses menaces, tandis qu'on aurait peine à citer deux ou trois noms dans les classes opulentes dont je viens de parler, qui soient sortis victorieux des épreuves auxquelles ce même pouvoir a soumis leur dévouement aux intérêts de ceux dont ils tenaient leur mandat de député.

D'ailleurs, dans quel sens prétendrait-on établir en principe et comme une vérité certaine que les citoyens qui ne possèdent que du talent sont plus intéressés à troubler l'État que ceux qui ont de la fortune ou qui possèdent un fonds de commerce? Est-ce qu'il n'y a de patrie que pour ces gens-là? Est-ce que les affections qu'elle inspire ne se retrouvent que dans le cœur des marchands et des millionnaires? Étrange supposition, en vérité, qui tend à accorder tous les sentimens généreux à ceux dont l'âme au contraire desséchée par l'habitude des spéculations n'y devient que trop souvent étrangère; et qui semble les refuser à ceux qui en entretiennent en quelque sorte le culte chez les autres, par les nobles inspirations qu'ils empruntent à leur génie, à leur cœur, dans les moindres de leurs travaux!

Et puis, que l'on me dise encore, est-ce que le savant, l'homme de lettres ou l'artiste n'ont pas pour exister besoin comme le commerçant ou le propriétaire que l'ordre et la tranquillité règnent dans le pays? Ne vivent-ils pas comme eux du produit de leur travail? n'ont-ils point par cette raison intérêt comme lui à vouloir que la paix et le respect des lois, des bonnes lois, y soient maintenus?

Indépendamment de ces intérêts de tous les jours, n'en existe-t-il pas encore d'autres tout aussi chers au cœur de ces nobles *Parias*? n'ont-ils pas une famille, une femme, des enfans, que leurs talens soutiennent et que leur gloire enivre? Le coin où fut agité leur berceau, la terre où repose le cercueil de leur père, sont-ils moins sacrés à leurs yeux que ne l'est pour le manufacturier la vue de son usine et des produits qu'elle lui rapporte, ou l'aspect de la bourse pour le spéculateur qui court y jouer sa fortune et plus souvent encore celle de ses commettans? Le ciseau, la plume, le pinceau, vivent-ils plus de l'anarchie que la classe industrielle ou celle des propriétaires qu'on semble regarder comme plus intéressées que le reste des autres citoyens au maintien de la paix?

Ah! qu'on ne s'y trompe pas; si le pouvoir a toujours voulu chercher des garanties à la tranquillité publique dans ceux qui payaient un cens à l'Etat, ce n'est pas qu'il ait cru que les garanties fussent plus fortes dans les classes de ses tributaires, que dans celles qui en paraissent affranchies. C'est plutôt parce qu'il a craint l'ardent patriotisme de ces derniers, c'est surtout l'influence qu'il savait qu'il exerceraient sur les électeurs, qui l'a déterminé à leur fermer l'entrée des grands et des petits colléges; c'est là seulement ce qu'il a redouté : nul doute en effet, que de pareils hommes n'eussent sur tous leurs autres concitoyens l'immense avantage de mieux connaître qu'eux la marche du cœur humain; c'est presque toujours le fruit que recueillent de leurs méditations et de leurs veilles ceux qui les ont consacrées à l'étude de l'histoire de leurs semblables. C'est aussi ce qui les rend plus aptes que bien d'autres à deviner et à déjouer les ruses que les grands mettent en usage pour tromper les peuples. Or, la présence de pareils hommes dans des colléges électoraux n'est jamais sans incon-

vénient pour des ministres qui tiennent à s'y procurer des nominations favorables à leurs vues
particulières qui sont l'expérience, l'a trop souvent prouvé, bien rarement d'accord avec celles
de la nation ; car l'essence de tout gouvernement
si juste qu'on le suppose est de tendre sans cesse
au despotisme et de miner tous les obstacles qui
peuvent s'opposer à son extension.

C'est donc pour perpétuer encore cet odieux
abus, ce vol manifeste du plus précieux des
droits pour un homme libre, que la Chambre a,
par sa nouvelle loi d'élection, abaissé l'âge et le
cens de l'électeur et de l'éligible, mais qu'elle
s'est bien gardée de mettre les capacités et le talent sur la même ligne que les écus ; aussi pou-
vons-nous compter avoir des nominations qui, bien
qu'un peu meilleures peut-être que celles dont s'est
plaint à si juste titre la France, se ressentiront cependant encore beaucoup de la précaution toute
jésuitique employée par ces messieurs, pour *brider*
l'opinion. C'est un mal qui aurait disparu sans retour, si la refonte que j'indique avait eu lieu de la
manière que je viens de le dire ; et je prévois que
nos tempêtes politiques ne cesseront de menacer
le monde et nous-mêmes que lorsque nous serons
franchement rentrés dans cette voie, qui est bien
certainement celle de la *légalité*, soit dit pour employer l'expression favorite de M. Dupin.

La Chambre a donc trahi les intérêts natio-
naux en retenant par devers elle un mandat que

notre victoire avait fait naturellement expirer dans ses mains; elle a trahi ces mêmes intérêts en consacrant le principe de l'inamovibilité tout exprès pour se créer, dans les juges qu'elle maintient au mépris de notre juste indignation, des soutiens de son despotisme et de la législation barbare à laquelle elle prétend nous soumettre; elle a trahi nos vœux et nos espérances en nous imposant une loi d'élection qui a privé la portion la plus honorable de la société du droit de concourir à la nomination des députés, alors qu'elle concède ce droit au rustre le plus ignorant, qui payera cinquante écus ou deux cents francs à l'Etat.

Elle trahit encore en ce moment les justes ressentimens de la nation, en proposant d'abolir la peine de mort, dans le moment où des scélérats, tout dégouttant de notre sang, sont sous le coup de la justice; comme si le droit de les gracier ou de les immoler appartenait à d'autres qu'au peuple qui, seul, a senti les atteintes meurtrières des glaives de ces bourreaux, déchirer ses entrailles et décimer ses familles.

La raison d'urgence attachée à cette sorte d'escobarderie politique me fera consacrer mon premier numéro à l'examen de la proposition si intempestivement faite d'abolir la peine de mort. Je n'aurai pas de peine à démontrer, j'espère, quelle haute nécessité c'est pour la France de la maintenir dans la plupart des cas prévus par notre code criminel, mais surtout de l'appliquer dans tonte sa rigueur à ceux des misérables qui ont voulu la livrer aux horreurs d'une nouvelle Saint-Barthélemi, pour faire triompher des principes aussi atroces que ceux qui dirigèrent autrefois la conduite de Catherine de Médicis et de son fils contre les protestans. C'est dans le sang le plus pur des amis de la liberté que ces deux monstres se sont baignés; et je ne pense pas que celui qu'ont répandu les ministres de Charles X, ait dû leur paraître moins précieux. L'impunité d'un si grand forfait aurait de trop redoutables conséquences pour notre avenir. Je croirais mon caractère d'écrivain consciencieux compromis, si je gardais le silence dans une occasion aussi solennelle. C'est à ma raison, à mes sentimens et à mon cœur que j'emprunterai les argumens dont je compte me servir pour détruire tous ceux qu'ont employé, pour demander son abolition, les plus éloquens adversaires de ce redoutable châtiment, et je n'aurai pas de peine à prouver que leur philantropie coûterait à la société cinquante fois plus de sang (oui, je tiens à cette proportion) que n'en fait verser aujourd'hui la législation qu'ils veulent détruire.

Ce numéro aura pour titre : *Maintenons la peine de mort.*

Dans mon second, que j'appellerai *Sympathies de la Chambre pour le commerce*, je m'attacherai à démontrer qu'elle a, par sa coupable incurie, compromis nos plus précieux intérêts. Je ne manquerai pas de faire remarquer dans cette revue la bonne foi avec laquelle elle fait tenir au roi ses promesses relativement à la liberté de la presse, si je n'en fais pas plutôt un article séparé, à cause de la vaste carrière qu'il ouvre à la discussion, dans le troisième uméro, qui portera pour titre : *Formons des clubs*, je démontrerai que c'est le seul moyen qui nous reste de nous sauver du débordement de ce pouvoir inconstitutionnel, si peu fait d'ailleurs pour présider à notre régénération politique.

Paris, 28 *Octobre* 1830:

T.D.

FIN.

LES GRIEFS. (N° II.)

MAINTENONS LA PEINE DE MORT.

Rendez-moi ma liberté de sauvage, et je cours
égorger celui qui a bu le sang de mon fils.

Quoique dans l'esprit de certaines personnes,
je puisse passer pour téméraire en émettant sur
la peine de mort un avis tout contraire à celui
qu'ont émis à la Chambre tant d'hommes placés si haut dans l'opinion publique par leurs
écrits ou leur position sociale, je ne laisserai pas
que de le faire à cause de la gravité de la question,
et de dire ce qui m'oblige à ne pas penser comme
eux là-dessus.

Je n'ai lu ni Beccaria, ni de Maistre, et quoique l'un et l'autre aient pu dire de fort bonnes
choses sur cette matière, puisque ce sont bien
moins ces deux écrivains, que M. de Tracy, M.
Charles Lucas, et M. Villemain, que la Chambre ait paru vouloir consulter pour se former
une opinion, sur ce point si délicat de notre
législation criminelle; c'est aussi à ce que ces
messieurs ont dit pour provoquer l'annulation
de la peine capitale, que je m'arrêterai préfé-
rablement pour démontrer que cette peine doit

être maintenue, si nous ne voulons pas payer bien chèrement un peu plus tard la faute de l'en avoir arrachée beaucoup trop tôt.

Ma déclaration à cet égard ne devra point paraître suspecte à ceux qui savent combien dans mes écrits, je me suis sans cesse élevé contre l'injustice et la cruauté.

Qui a maudit comme je l'ai fait, les fureurs de la ligue, et les atrocités des convertisseurs des protestans dans les Cévennes, ne peut sans doute point être accusé de préférer les lois de Dracon, à celles de l'évangile. Et je puis ajouter que ceux qui connaissent mes mœurs privées savent si bien mon horreur pour le sang, qu'ils m'ont plus d'une fois dit, en me plaisantant sur mon excessive pitié pour les animaux, que Pytha_gore, en ce point, ne m'aurait pas désavoué pour disciple.

Je n'aime donc pas plus que les adversaires de la peine de mort, les mutilations et les échafauds; mais je me débarrasse de ma sensibilité personnelle, comme d'une mauvaise conseillère ou du moins d'une conseillère partiale, quand il s'agit de juger une question de l'importance de celle qui occupe aujourd'hui les esprits, parce que je craindrais trop que mes sentiments particuliers ôtassent quelque chose de leur poids aux intérêts généraux de mon pays, intérêts au profit desquels seulement doit être décidée cette question.

Ce que je considère dans la peine capitale, ce sont ses effets; s'ils ne produisent pas celui de diminuer le nombre des crimes, il faut la rayer de notre Code, comme souillant les pages qu'elle y occupe, et lui substituer une loi qui atteigne mieux le but que s'était proposé le législateur en l'y inscrivant.

Quant à la question *quasi mystique*, de savoir si l'homme, qui n'a pas donné la vie à son semblable, a le droit de la lui ôter, je voudrais être bien certain avant que de me donner la peine d'y répondre, que ceux qui l'ont soulevée n'ont pas entendu se réserver le droit de se moquer un peu plus tard de ceux qui l'auront prise au sérieux; à tout risque je dirai que j'ai toujours le droit de détruire tout ce qui me nuit, et que d'après la grande loi de la conservation de mon espèce, j'aurai toujours raison de tuer, pour m'empêcher d'être tué, que ce soit un homme ou un léopard qui menace mon existence.

Pourquoi déshonorer des points de discussion de grande importance, par des niaiseries bonnes tout au plus pour amuser des écoliers de cinquième? Sauvage ou civilisé, un enfant de dix ans ne résoudra pas différemment ce problême, et à quarante ans comme à soixante, son opinion sur ce point n'aura pas varié.

La question de l'utilité de l'exercice de ce droit dans l'état de société où nous existons aujour-

d'hui, ne mérite un examen plus approfondi que
parce que cette utilité est mise en doute par des
hommes de talent, dont la philantropie bien
reconnue ne peut faire suspecter les intentions ;
car du reste et sans cette considération , je ne
verrais pas la nécessité de parler en faveur d'une
chose dont la raison et l'expérience ont démon-
tré depuis si long-temps qu'on ne pouvait pas se
passer.

Quoi! dira-t-on , comme M. de Maistre, vous
voulez que le bourreau soit l'arc-boutant de l'ordre dans un état civilisé? Oui M. de Maistre a
raison, si c'est là l'idée qui domine dans l'ouvrage
qu'il a fait sur cette matière ; sans le bourreau
je ne vois qu'anarchie, que meurtres , que vio-
lences, dans cette société qu'il vous plait à vous
de voir si sage , si parfaite , mais qui me semble
à moi, si cupide , si turbulente et si tyrannisée
d'ailleurs par ses besoins.

Pourquoi faire les hommes meilleurs, ou plus
méchans qu'ils ne sont réellement, quand on
veut jouer à leur égard le rôle de législateurs?
Sont-ce les théories, les systèmes, qui tendent à
les faire passer pour des modèles de patience et
de douceur, qui changent quelque chose à ce que
les a faits la nature? Tributaires obligés des passions, des besoins, qui agissent en tyrans sur
leurs appétits et sur leurs volontés, les uns ou
les autres suivant le plus ou le moins de perfec-

tion de leur organisation, suivant surtout aussi l'influence qu'auront exercée sur eux la position sociale de leurs parens, les bons ou les mauvais exemples dont ils se sont trouvés entourés, le bon ou le mauvais système d'éducation employé pour les élever, tous ces hommes là fourniront, comme ils ont toujours fourni un nombre plus ou moins considérable d'assassins, de faussaires et de voleurs, contre lesquels il faudra toujours aussi continuer de sévir pour la société, à peine de s'en trouver dévoré, comme l'arbre sur lequel un jardinier négligent a laissé pulluler les chenilles.

Ce sont là des vérités si bien reconnues, qu'il y a lieu de s'étonner que la philantropie, même la plus ardente, puisse inspirer à des écrivains aussi judicieux que le sont MM. de Tracy et Kératry, l'idée de travailler à les affaiblir. Et c'est vraiment le faire, que de supposer la société meilleure qu'elle ne l'est réellement.

Il existe des meurtriers, des hommes qui par un instinct féroce, ou par des motifs peut-être encore moins excusables, répandent à plaisir le sang de leurs semblables : n'est-il pas dans l'intérêt, comme dans le droit de cette société, de se défaire de pareils monstres ? de leur donner la mort, comme on la donne aux animaux féroces, dont on redoute d'être victime un jour ou l'autre ?

Vit-on jamais dans cette action rien autre chose qu'un acte de défense légitime?

La formation des sociétés eut-elle jamais autre chose pour objet?

La loi de la conservation de l'espèce, loi suprême pour les moindres peuplades de sauvages, ne l'est-elle pas encore aujourd'hui, et ne la sera-t-elle pas toujours pour les états les plus puissants, et ce que les premières ont fait pour détruire les animaux malfaisans, qui menaçaient leur existence, les derniers ne s'empresseront-ils pas de le faire, avec autant de raison et de justice à l'égard des hommes dont les mauvais penchans mettront en péril ceux de leurs biens auxquels les individus de ces états attacheront le plus de prix? C'est ainsi que chez les peuples où la violation de la foi conjugale passait pour un crime à inspirer l'horreur, le coupable était puni de mort; que la même peine atteignait le voleur, chez les Scythes, à qui leur pauvreté faisait beaucoup tenir à ce qu'ils possédaient; mais que chez toutes les nations du globe, l'assassin, le meurtrier, a toujours été puni du dernier supplice.

Sans doute et en présence d'un accord aussi unanime pour la punition d'un pareil coupable, entre tant de peuples si différens par leurs mœurs, par leur religion, par leur langage et même par leur législation, il faut bien reconnaître que le meurtrier inspire à tous les hommes une égale horreur; peut-être aussi l'uniformité du moyen de lui faire expier son forfait peut-elle faire soupçonner qu'on l'a moins encore employé pour se venger de sa cruauté, que pour se préserver des dangers de la récidive.

Mais je ne ferai même pas cette concession; ce n'est pas seulement pour lui rendre cette récidive impossible qu'on fait subir le dernier supplice à un assassin; c'est encore pour lui faire porter la peine de sa barbarie, et ce n'est pas seulement sans remords, mais c'est encore avec une sorte de plaisir que ses juges le condamnent; car encore un coup, l'horreur qu'un criminel de ce genre inspire aux hommes est innée dans le cœur de tous ceux chez lesquels il reste encore quelque étincelle de vertu: c'est un sentiment de justice que la main de Dieu lui-même y a mis pour que chacun pût apprécier ses propres actes et déterminer le degré de leur moralité; c'est conséquemment bien à tort que les adversaires de la peine de mort prétendent que même dans ce cas la foule qui se presse autour de l'échafaud, où monte un scélérat de cette espèce, ne voit plus en lui qu'une victime, qu'elle oublie son forfait pour ne plus penser qu'à le plaindre : c'est une erreur que ne partageront jamais ceux qui ont eu occasion d'assister à une de ces terribles exécutions.

Loin de là, l'être le plus doux, le plus humain, se passionne ; il voudrait que le genre de mort fût plus compliqué, plus terrible, pour que la peine fût au moins égale aux douleurs qu'il suppose que le scélérat a fait souffrir à sa victime, et s'il le voyait prêt à échapper aux bourreaux, il serait un des premiers à se précipiter après lui pour le ramener sous la hache.

Voilà comme sont tous les hommes, et comme ils sont tous indistinctement en présence du spectacle d'un supplice, qu'ils savent être justement mérité par celui qui le subit. Ce n'est que pour des crimes qui ne révoltent pas son humanité, sa justice, qu'il éprouve du malaise et de la pitié, ce ne sont que ces condamnés là qu'il regarde et qu'il plaint comme des victimes, et qu'il voudrait pouvoir soustraire au bourreau.

Ah ! sans doute, s'il doit monter à l'échafaud, un être que la misère, un moment de faiblesse, l'entraînement de circonstances fatales ont rendu criminel une fois ; il se sent ému pour lui de pitié ; mais même en le plaignant, en regrettant que ces considérations n'aient pas déterminé les juges à commuer sa peine en une plus légère, moins terrible que celle qu'il va subir, on se console de sa perte en pensant que son malheur servira d'exemple à ceux qui seraient tentés, comme lui, de se laisser aller à l'occasion de mal faire.

Ce n'est qu'en matière politique, et dans le cas

seulement où les hommes qu'on envoie à la mort
ont tramé quelque dessein, formé quelque hardie tentative dans l'intérêt des libertés publiques,
qu'on ne voit en eux que les martyrs d'une noble
cause; qu'on prodigue à ceux qui les ont condamnés les titres de lâche, d'assassin, qu'on se
sent transporté de rage, et que la voix d'un citoyen courageux suffit alors pour précipiter le
peuple sur les gardes et les bourreaux. Mais hors
ce cas, je le soutiens, la justice accomplit sans
trouble et sans perturbation, même toujours
avec l'assentiment de la masse, les actes les
plus rigoureux de son ministère. L'instinct du
peuple l'avertit toujours sûrement de l'équité des
arrêts à l'exécution desquels il assiste.

Je vais plus loin encore, et ce qui se passe
journellement dans l'auditoire des débats des
assises, en administre des milliers de preuves;
c'est que le peuple s'indigne toujours quand on
absout un coupable, qu'il a lui-même jugé
pour tel; c'est au point qu'il le déchirerait vivant
de ses propres mains si l'on ne parvenait à le
soustraire à sa fureur. Est-ce la soif du sang qui
l'anime? non, mais celle de la justice; ce sentiment impérieux comme le plus puissant besoin,
et qu'on ne peut froisser sans jeter l'homme dans
une sorte de fureur qu'il lui devient impossible
de maîtriser.

Que prouve ce sentiment? Qu'il faut une pu-

nition proportionnée au délit ou au crime par-
venu à la connaissance de la société. Il prouve
encore que cette société, considérée collectivement, est toute aussi passionnée, a autant besoin de vengeance que l'individu isolé qui s'est
trouvé lésé dans quelqu'un de ses plus précieux
intérêts, dans sa fortune, dans sa liberté ou dans
son existence.

Cela est si universellement senti, que je n'hé-
site pas à affirmer que si la peine de mort était
supprimée chez nous, les particuliers ne balance-
raient pas à se faire eux-mêmes justice de ceux
que la loi refuserait de frapper. J'en citerai pour
exemple la Corse, où les meurtres et les vengean-
ces particulières ne firent jamais couler plus de
sang que lorsque les tribunaux Génois refusèrent
de prononcer sur leurs différends. Ce déni de justice
qui faisait partie du système d'oppression que Gè-
nes faisait peser sur cette île malheureuse, n'avait
en effet d'autre objet que d'affaiblir ce peuple fier
et courageux, en le portant à se détruire par ses
propres mains; et cet affreux système n'a que
trop bien réussi.

Faites de même en France, et vous verrez les
haines devenir héréditaires dans les familles; les
parens venger l'assassinat de leurs parens, et frapper trente victimes à la place d'une seule que
vous aurez refusé de frapper.

Quoi! si quelque lâche assassin immole à sa

rage quelqu'un des êtres qui me sont chers, un père, un fils, une sœur, une mère, vous soustrairez cet assassin à ma vengeance? Vous croirez avoir fait assez pour mes ressentimens et mes douleurs en l'envoyant dans un lieu d'exil ou dans un bagne? Vous me condamnerez à épouser votre froide impassibilité? vous qui n'avez senti ni compris les transports que le crime a fait naître dans mon âme! Sous le prétexte que la morale du genre humain s'est épurée, que les mœurs se sont adoucies, vous voudrez me condamner à rester calme et modéré comme vous?

Je vous répondrai que vous avez menti à la raison et à la vérité, que la morale du genre humain ne s'est pas épurée, puisqu'il s'est encore trouvé un monstre assez cruel pour avoir empoisonné ou poignardé mon enfant; que les mœurs ne se sont pas adoucies, puisque la faiblesse de la victime n'a pas désarmé l'assassin; puisque moi-même enfin, j'éprouve à son aspect des transports de fureur et de haine qui bouleversent jusqu'à ma raison, et qui donnent à mon naturel ordinairement si doux, si pacifique, la férocité du tigre et le besoin immodéré de me venger.

Je ne veux pas de votre civilisation avec de pareilles lois, des lois qui compriment des sentimens aussi naturels, des besoins de vengeance aussi légitimes. Rendez-moi ma liberté de sauvage et je cours égorger celui qui a bu le sang de mon fils.

Voilà ce que vous diront tous les hommes placés dans ma position; et il n'y aura point de pri-
son assez forte, de lieux assez secrets pour mettre
le meurtrier à couvert du ressentiment des amis,
des parens d'une victime dont vous aurez refusé
de venger le sang par le sang.

Ce sont là des vérités puisées dans le cœur humain, tel que Dieu l'a fait et continue de le faire
encore; non comme il a plu aux idéologues de
l'arranger. Les intérêts de la société sont immen-
sément plus compliqués aujourd'hui en France,
qu'au temps où elle ne présentait à l'œil que des
bourgades composées de chaumières bâties sur le
modèle des huttes de sauvages. C'est pour cela
qu'il faut à la France un système de législation
plus étendu, plus vaste que celui qui lui suffisait
alors. Il faut à chacun des intérêts, une sauve-
garde qui les conserve, un frein qui empêche les
hommes de les froisser ou de les ravir à ceux qui
les possédent à juste titre.

A la tête des biens dont l'homme se montre le
plus jaloux de jouir, on doit sans doute placer
son existence et sa liberté. Ce sont aussi ces deux
biens là autour desquels on doit amasser le plus
de garanties possible pour lui en assurer la jouis-
sance. C'est donc contre ceux qui tentent d'y
porter atteinte qu'on doit, par la même raison,
déployer le plus de sévérité; et si c'est la peine de
mort qui peut le plus efficacement assurer l'exis-

tence de chaque citoyen, c'est sans doute cette peine qu'il faut employer contre toutes les espèces possibles de meurtriers.

Que si maintenant on prétend que cette peine de mort est insuffisante pour prévenir les assassinats, les empoisonnemens et autres crimes de ce genre, en ce que les coupables, au moment où ils les commettent, se flattent toujours de n'être pas découverts, je réponds à cette objection que, lors même qu'elle serait aussi fondée qu'elle me le paraît peu, ce ne serait pas encore une raison d'abolir cette peine.

Ce ne serait pas une raison, puisqu'une peine plus douce ne pourrait pas remédier à un mal qu'une peine plus forte n'aurait pas eu le pouvoir d'empêcher; puis ensuite en l'enlevant de notre code sans la remplacer par une plus efficace, on tomberait nécessairement dans le grave inconvénient dont je parlais tout à l'heure, d'allumer dans le cœur des citoyens lésés par cette soustraction des sentimens dont l'explosion serait toujours redoutable à l'ordre public : il y aurait en outre d'autant moins de raison de l'abolir qu'elle n'atteint après tout que des êtres que la société n'a pas le moindre intérêt à conserver.

Mais il s'en faut d'ailleurs de beaucoup que l'effet moral de cette peine soit aussi nul sur l'esprit des hommes pervers que les orateurs qui ont parlé à la chambre sur cette matière ont essayé de le lui persuader. Pour un sélérat qui la brave ou qui croit à l'impunité, et qui commet son forfait avec assurance, il en est vingt peut-être qu'une crainte toute contraire a retenus de les imiter. Le nombre des timides l'emporte de beaucoup sur celui des audacieux et des braves, même dans l'armée la mieux composée : pourquoi voudrait-on qu'il en fût autrement dans l'enceinte paisible de nos villes où les habitudes sont en général si différentes de celles qui développent le courage chez le soldat. Pour un malfaiteur qui subit son sort avec intrépidité, vous en voyez cinquante qui témoignent une faiblesse à faire rougir en arrivant au pied de l'échafaud. Tous, égaux en scélératesse, cessent de l'être en force d'âme dans ce moment suprême et redoutable. Pourquoi ne pas admettre alors comme possible que la lutte qu'ils ont soutenue avec le sentiment ou la passion qui les a rendus criminel, ait eu chez eux une durée proportionnée à la terreur que leur avait inspirée l'idée du supplice. Et si cette idée a pu les faire hésiter plus ou moins de temps à commettre leur forfait, pourquoi ne pas admettre aussi qu'elle pût en retenir encore un bien plus grand nombre de céder à des tentations à peu près pareilles.

Je n'aime pas à faire les hommes plus vicieux qu'ils ne le sont réellement, mais je ne peux pas souffrir non plus qu'on les encense outre mesure en leur prêtant plus de vertus qu'il ne leur sera jamais possible d'en avoir. Ce système de flatterie, aussi absurde que pernicieux, fait plus de tort à la morale publique qu'on ne se l'imagine, parce qu'il indigne et décourage les gens de bien sans inspirer à ceux qui ne le sont pas, plus d'envie de le devenir.

Et, dieu merci, en France, en avons-nous aujourd'hui des hommes vertueux, surtout parmi ceux qui sont au pouvoir, ou qui, sans y être encore, ont moyen de récompenser les thuriféraires ! On ne voit partout que des gens de cœur, des héros de justice et de courage, mais surtout des modèles parfaits de désintéressement et de grandeur d'âme. Toutes les vertus de l'aréopage, tout l'héroïsme des Thermopiles, sont maintenant réfugiés dans la Chambre, si vous en croyez les *Débats*, le plus consciencieux journal de l'époque. A l'heure qu'il est, le siècle est admirable, à l'entendre, quoiqu'on ait rarement vu plus d'égoïsme, plus d'orgueil dans les classes riches ; plus d'ambition, plus de fureur de parvenir et plus d'amour du luxe dans celles qui ne possèdent rien, ou que peu de chose.

Et c'est un peuple dépourvu de toute croyance religieuse, où l'on compte tant d'hommes qui se jouent de la foi du serment ; dans un temps où l'on est si peu délicat sur les moyens de faire fortune, où les banqueroutes sont si multipliées, et et où ceux qui les font insultent avec tant d'impudeur aux créanciers qu'ils ont ruinés ! C'est quand les Tribunaux sont desservis par tant de juges complaisans pour ces turpitudes et ces bassesses, que vous parlez d'adoucir les rigueurs de la législation ! C'est quand les mœurs s'éloignent chaque jour davantage de la bonne foi, de l'antique simplicité des premiers âges du monde, que vous parlez de briser le seul frein qui puisse y maintenir encore un peu d'ordre et préserver la société de la plus hideuse anarchie !

A Dieu ne plaise pourtant que, malgré la mauvaise opinion que j'ai de mon siècle, dont de tristes expériences m'ont fait apprécier la valeur, je pense qu'il faille lui imposer une législation plus sévère que celle qui le régit aujourd'hui ; je crois qu'il est même nécessaire de l'adoucir dans bien des cas. Je suis assez juste pour avouer qu'on pourrait, avec une administration sage et de bonnes institutions, s'épargner la nécessité de punir aussi souvent. Diminuer les causes qui produisent les crimes est le plus sûr moyen d'en diminuer aussi le nombre, et c'est même le devoir de tout gouvernement de le faire, s'il ne veut pas être justement accusé de barbarie par les victimes auxquelles il a fourni l'occasion de se perdre. C'est ainsi que la misère et les jeux publics étant les sources les plus fécondes des vices qui déshonorent l'espèce humaine, il faut que les dépositaires du pouvoir apportent tous leurs soins à combattre ce double fléau. Une inexorable sévérité à l'égard de ce qui peut entretenir chez le peuple la funeste passion de jouer, et d'utiles encouragemens à l'industrie, réussiront toujours à épargner beaucoup de besogne aux assises et, par contre-coup, aux bourreaux.

Mais jusqu'à ce que ces deux effroyables plaies de notre corps social soient radicalement guéries, ce qui n'est pas près d'arriver, tenons l'échafaud en permanence, et quand elles le seront, tenons-le encore jusqu'à ce que les tristes passions qui poussent l'homme à sacrifier ses semblables à ses propres intérêts soient également mortes, et mortes sans retour au fond de son cœur. Mais comme c'est ce qui ne peut jamais avoir lieu dans un siècle, et surtout chez un peuple où il n'y a partout que des intérêts, intérêts qui se retrouvent dans toutes ses doctrines et jusque dans sa morale, c'est assez dire qu'il est urgent, nécessaire, indispensable, de maintenir chez lui la peine de mort.

Et qu'on ne me dise pas que j'exagère les vices contre lesquels je m'élève avec une si juste indignation. Un siècle où l'argent est tout, et vaut à celui qui en possède, de la considération, des places, des dignités, des honneurs : mais qui ne réserve que du dédain et de la froideur à la probité sans fortune ! un siècle où le mensonge et la

plus basse flatterie usurpent la place de la vérité ;
où l'hypocrisie remplace la vertu ! Un tel siècle
me semble à moi très-méprisable et bien peu digne, par conséquent, des éloges qu'on lui prodigue.

Que si l'on me somme d'appuyer sur des faits
les reproches que j'adresse à mon siècle, je répondrai que je ne puis éprouver d'embarras que
sur le choix de ces faits. J'ajouterai même que je
ne puis croire qu'un homme de bonne foi ait
besoin que je les lui cite pour partager ma conviction à cet égard.

Un État où tant de gens absorbent sans remords
le fruit du travail de tant d'ouvriers qui meurent
de consomption pour les enrichir, et auxquels
ils ne lèguent que l'hôpital quand ils ne sont plus
capables de les servir ! Un État où la médiocrité
protégée est toujours sûre d'écraser le talent ,
trop fier pour entrer dans les voies de l'intrigue !
Un État où des hommes placés très-haut dans
l'opinion cumulent des emplois, des fonctions ,
qui, exactement répartis, fourniraient l'existence
à plusieurs centaines de pères de familles ! Un
État où des compagnies exercent l'odieux privilége de prêter à douze du cent au pauvre, sur le
dépôt de ses vêtemens les plus nécessaires, l'argent
dont il a besoin pour acheter son pain ou payer
son loyer ! Un État peuplé d'exacteurs avides, de
créanciers impitoyables , qui jettent dans les pri-

sons, et pour des cinq années, un malheureux débiteur réduit à l'impuissance de les payer! Un État où, dans les bureaux de charité qu'il fonde, le nécessiteux malade ne peut obtenir un bouillon s'il n'est de la religion des femmes qui desservent ces établissemens! Un État où la philantropie est une spéculation et la bienfaisance un calcul de l'amour-propre, mais où l'égoïsme est partout si flagrant qu'il laisse tout tomber, tout périr autour de soi, plutôt que de risquer un peu d'or, même pour sauver un ami qui l'implore! Un tel État, je le répète, ne peut pas, ne doit pas laisser parler de sa vertu; il n'en possède pas, il est sans ressort et sans énergie. Susceptible encore d'obéir à une grande impulsion, mais incapable de se la donner lui-même, il retombe dans son apathie aussitôt que la cause impulsive a cessé sur lui son action.

C'est ce qui explique la révolution qui vient de s'opérer, et la désolante inertie qui glace aujourd'hui tous les cœurs. Le peuple a frappé les grands coups, la classe bourgeoise s'est agitée un moment, elle n'est plus occupée maintenant que de la ridicule prétention d'avoir participé à la victoire; cet objet est bien plus important à ses yeux, que le soin de s'assurer ses libertés qu'on lui enlève maintenant de toutes parts; elle loue, elle admire à outrance, ceux-là mêmes qui se montrent les plus habiles à les lui ravir. De

grands mots , des phrases à effets , la subjuguent ;
avec ces paroles toujours empreintes d'éloges , on
l'entraine à détruire ce qui pouvait précisément
l'aider à défendre son indépendance. On lui fait
peur des clubs , et elle s'empresse d'aller les fermer : le pouvoir s'effrayant pour lui-même ,
des réunions qui ont une idée patriotique pour
objet, lui persuade qu'elle doit s'en effrayer aussi,
vîte elle court présenter des pétitions, pour engager l'autorité à sévir contre ces réunions. Des
amis des ministres, qui ont mis Paris à feu et à
sang, ont décidé de les sauver en intéressant la
pitié publique en leur faveur, la bourgeoisie encore est près d'applaudir à cet acte de magnani-
mité, et la voilà qui forme des vœux pour la
réussite des pétitions présentées à la Chambre,
pour l'abolition de la peine de mort, et c'est une
population aussi versatile , aussi inconséquente,
qu'on ose offrir en exemple à l'univers ! France,
estime toi heureuse, si tu n'es pas dans trois
mois la risée de toute l'Europe ! Ah malheureux
flatteurs quand cesserez-vous de tuer l'esprit public
en le saturant d'éloges mensongers , qui le dis-
traient du soin de veiller aux intérêts de la gloire et
de la prospérité nationales? Quand renoncerez-vous
à l'abuser sur les qualités des hommes que vous
proposez à son admiration ! Quand cesserez-vous
de placer sur le pavois des idoles que trois mois
plus tard, leur conduite vous forcera de rejetter

dans la boue, comme il est arrivé à M. Cottu, dont vous n'aviez pas seulement fait un héros, mais encore un grand écrivain; comme il est arrivé à tant d'autres médiocrités désespérantes, tirées indistinctement de vos rangs, ou prises dans les transfuges du camp ennemi, avec lesquels dans tous les cas vous n'auriez jamais dû faire la moindre alliance.

Ce qu'il faut dire au peuple, c'est la vérité sur les hommes et sur les choses, si l'on ne veut pas avoir à se reprocher plus tard les conséquences des fausses démarches où l'ont entrainé ses erreurs. C'est surtout un devoir et un devoir sacré, pour ceux qui ont pris sur eux l'immense tâche de former, de diriger l'opinion publique, et plus un journal sait avoir sur elle d'influence, plus il doit se montrer jaloux d'en bien user.

Que dira, par exemple, le Constitutionnel, pour s'excuser d'avoir induit la France en erreur sur le vrai caractère des signataires de l'Adresse, si les brèches qu'ils ont faites à nos libertés sont irréparables, comme tout porte à le faire supposer, à moins d'une annulation complète de tout ce qu'ils ont décidé?

Si nous avons nommé de nouveau les deux cent vingt et un, lui criera-t-on de toutes parts, c'est parce que vous nous avez vous-même pressé de les renommer; c'est par ce que nous vous avons cru plus de sagesse et de prévoyance, qu'à nous-

mêmes, que nous avons voté pour eux. Déter=
minés comme nous l'étions cette fois à braver le
courroux du ministère, nous aurions tout aussi
facilement envoyé à la Chambre, à leur place,
puisqu'ils n'avaient d'autres droits à notre faveur,
que leur haine pour Polignac, des hommes de
talent et de courage; nous aurions gagné à cela
de renverser tout aussi aisément le *génie des cons-
pirations*, et de profiter du moins de tous les
avantages de cette victoire.

J'ignore ce que le Constitutionnel aurait à
dire pour sa justification, si certains collèges mé ·
contens de ce qui se passe aujourd'hui, lui adres-
saient de pareils reproches. Mais quoiqu'il puisse
alléguer, le cas échéant, et si notre belle révolution vient à tourner au détriment des fruits de
la liberté de ceux qui l'ont appelée de leurs vœux
et défendue dans leurs écrits, ce sera bien certainement plus sa faute, sa faute personnelle
que celle même des hommes qui auront profité
de ses bévues ou de sa faiblesse. Il est apparent
qu'il commence déjà même à le sentir, si l'on en
juge d'après les plaintes qu'au sujet de la presse
périodique, il adresse à ses chers *deux cent vingt et
un* sur leur peu de reconnaissance et de mémoire
pour les services qu'il leur a rendus. La presse
périodique, dit-il, n'est pas traitée par eux en
enfant gâté, il n'est pas d'entreprise qui soit
frappée à son origine d'une réprobation fiscale

aussi propre à l'étouffer; il n'est pas de concur-
rence contre laquelle s'élèvent de la part de
l'autorité, tant de jalouses entraves : cette défiance haîneuse devait-elle se perpétuer sous le
régime d'une Charte sincère. Le gouvernement
actuel a-t-il oublié si vîte les services de la presse,?
n'est-ce pas pour elle qu'on a d'abord combattu;
n'est ce pas pour elle qu'a été poussé le premier cri d'affranchissement ? Sa protestation,
son appel aux armes, n'ont-ils pas précédé la
première démarche un peu hardie de la Chambre
des députés? etc , etc.

Tout cela est bien vrai assurément ; mais pourquoi le Constitutionnel, a-t-il commencé lui-
même le *branle* de la *niaiserie*, quand il pouvait
avec plus de franchise et de fermeté, maintenir
à leur véritable place tous ces braves du lende-
main, auquel il a prêté tant de vertus qu'ils
n'avaient pas , et qu'il savait fort bien qu'ils ne
pouvaient pas avoir? Pourquoi les a-t-il persuadés
de leur propre importance, en les faisant considérer comme les sauveurs de la chose publique,
quand il devait savoir que leur premier soin serait de reconstituer la monarchie à leur profit
particulier, et dans le sens des vieilles idées
avec lesquelles ils l'avaient toujours comprise.
Pourquoi a-t-il consolidé dans leurs mains, un
mandat que la victoire du peuple avait na-

turellement infirmé , en brisant le trône de Charles X.

Où est-il allé puiser tant de confiance dans un Gouvernement où il avait laissé entrer tant d'élémens contraires à nos sympathies , à nos idées, à notre soif de liberté? ne devait-il pas savoir que l'ingratitude est l'essence de tout homme qui tient en main le pouvoir, lorsque ceux qui le lui ont confié n'ont pas stipulé d'avance toutes les garanties nécessaires pour l'empêcher d'en abuser, et les traités d'où dépendent les destinées de tout un peuple, doivent-ils jamais être passés de confiance ?

Que le journal des Débats, qui reste en extase aujourd'hui devant les actes du Gouvernement, ait mis plus de réserve dans sa manière de faire de l'opposition , au temps qu'il convenait à ses vues d'affecter du libéralisme, cela se conçoit : le principe de sa vitalité , ne prenait pas comme le Constitutionnel, leur racine dans les intérêts matériels du commerce et de l'industrie, il n'était pas obligé à un dévouement aussi complet à de pareils intérêts. Tel sert les Grands et les Rois , à qui l'on ne peut demander d'autres qualités que celles qui distinguent ordinairement les courtisans, beaucoup de souplesse et peu de sincérité. Mais qui s'est dévoué au service du peuple doit être franc, ferme et surtout vrai, s'il veut ga-

gner son estime et mériter sa confiance. La flatterie est sans conséquence, quand elle ne perd
que les rois, parce qu'on peut toujours les remplacer sans secousse; mais elle est toujours un
crime, lorsqu'elle jette un peuple dans l'abyme,
parce qu'il ne faut jamais moins qu'une révolution pour l'en retirer.

C'est parce que je suis pénétré de l'importance
de cette vérité, que je ne flatterai jamais mon
pays, et que je ne lui tairai jamais non plus une
vérité que je croirais utile à ses intérêts de lui faire
connaître. C'est aussi pour remplir ce devoir
que je lui dis aujourd'hui, qu'il n'est pas assez
vertueux, assez avancé en civilisation pour se passer de la peine de mort.

Que M. Girod de l'Ain, pour voter dans ce
sens en appelle à vingt-cinq ans d'exercice de
magistrature, qui lui ont prouvé *que ce châtiment était inutile pour la repression des crimes.*

Que M. Victor de Tracy, contestant à la société
le droit de punir de mort un de ses membres,
s'étonne que Duport ait dit à la Constituante,
que cette question sous le rapport de la légalité,
était purement métaphysique. Qu'il ait dit qu'un
individu n'est pas un *être seul, isolé au monde,
que c'est une partie, une fraction de la société entière, qu'il vit par elle, au milieu d'elle;* toutes
choses que nous savions avant qu'il nous le die.

Que M. Kératry, faisant appel à un de ses romans, ne conçoive pas la vengeance qui *condui-*
rait la société à frapper froidement un seul, jusqu'à
extinction de vie, avec les forces de tous. Que parlant du Décalogue, qui dit : *vous ne tuerez pas,*
il ajoute que *le premier des meurtriers n'a suc-*
combé sous le bras de personne. Ce qui est fort
croyable puisqu'il n'y avait alors sur la terre pour
le frapper que son père Adam, duquel il s'est
bien gardé de venir braver la colère : qu'il ajoute
encore *que ce meurtrier a été marqué d'un signe de*
réprobation, par une main divine tout exprès pour
qu'il fût respecté de la Société contemporaine, (qui
n'existait pas,) ce qui conduit tout juste à nous
faire croire, qu'il n'y a rien de plus respectable
au monde que les assassins. Je conviens que je
dois m'incliner devant ces beaux raisonnemens,
puisqu'ils sont tellement au-dessus de la perspicacité de mon esprit, que je n'ai pas le bonheur
de les comprendre, mais comme je crois que pour
changer un point aussi grave de notre législation,
il faut quelque chose de plus que des phrases ; que
des preuves arithmétiques bien sèches, bien ari-
des, mais puisées à de bonnes sources, vaudraient
mieux pour faire décider la question, que des
périodes à effet ; je dirai, moi, qu'on doit se
garder de le faire, et surtout de le faire dans le
sens que le souhaitent ces messieurs, de peur

que s'ils venaient à s'être trompés, la société n'eût à payer bien chèrement leur erreur.

Il ne faut pas courir cette terrible chance tout exprès pour se donner le plaisir de sauver des ministres, qui n'ont sans doute pas mérité que la France fasse à leur sûreté personnelle le sacrifice d'une aussi grande garantie de sa propre tranquillité.

Il est vrai cependant, que l'éloquence des cent-dix-sept blessés qui réclament par dessus toutes choses qu'on sauve leurs assassins, est bien entraînante. Tous ces hommes-là paraissent avoir fait de très-bonnes humanités : c'est une justice à leur rendre. M. Dupin, ou tout autre avocat aussi habile, n'emploierait pas la métaphore avec plus d'agrément. « Les mânes de nos frères, disent-ils, n'ont pas besoin d'un tel sacrifice. Les fleurs que la liberté en deuil apporte sur leurs tombeaux, le sentiment du bonheur public et cependant nos éternels regrets, voilà ce que réclame la mémoire des martyrs de la grande semaine. »

Quel est le professeur de rhétorique qui désavoue la beauté de ces images ? Il faut convenir que les braves ouvriers parisiens ont fait un fier pas dans la carrière de l'éloquence depuis le mois de juillet.

Il est vrai que ce prodige s'est trouvé resserré dans un petit nombre d'entr'eux, car pour cent-dix-sept qui parlent si bien, il en reste encore quatre mille dont nous ne pouvons apprécier les progrès de la science du langage. Mais cette différence numérique n'empêche pas l'interprète des pétionnaires d'y trouver l'expression des vœux de tous les autres blessés, même ceux de toute la France. Cette générosité lui semble sublime : aussi sa voix s'altère-t-elle, et son émotion est-elle aussi vive que profonde quand il appuie de son avis particulier cette étrange demande. « Vous sentirez, dit-il, aussi bien que nous, ce qu'il y a de noble, de généreux, je dirai presque de divin dans de tels sentimens! Quoi de plus magnanime, en effet, que de voir des hommes mutilés par le canon de leurs ennemis, ne porter que des paroles de paix, et venir en quelque sorte demander grâce pour eux! Honneur éternel à une si grande vertu! La postérité le recueillera, et bientôt les nations européennes partageront notre admiration! »

Et les très-bien, très-bien! d'aller leur train; comme on doit aussi s'y attendre.

Ah! M. Clément, (du Doubs) que vous êtes bien nommé! et que vous méritiez bien d'être de votre département! Que les ministres devront de beaux cierges à votre saint patron, s'ils se tirent d'affaire comme le soutiennent avec vous tant de vos collègues qui ne voudront jamais la mort du pécheur! Mais que j'ai bien peur aussi que tous les orphelins des mitraillés ne pensent pas comme vous là-dessus ; et songez-y bien, c'est qu'en bonne justice, il n'en faut qu'un pour forcer ce torrent de clémence à reculer devant sa plainte. Si telle n'est pas l'opinion de tous les légistes, je suis bien certain que ce sera celle de tout bon fils qui aura vu tomber son père sous la mitraille du canon auquel les ministres auront mis le feu : seulement il faut convenir qu'il serait difficile de s'y prendre plus maladroitement pour atteindre le but que vous vous proposez, si ce but est de sauver les ministres : car le plus sûr moyen d'ajouter à l'irritation de la France contre eux, est sans doute de jouer à leur profit une comédie aussi ridicule, et où l'action de chacun des rôles soit marquée d'une manière si tranchée qu'il n'est permis à personne de s'y méprendre.

Une nation n'aime jamais qu'on parodie ses douleurs ou sa colère ; elle n'aime surtout pas qu'on prenne l'initiative de ses sentimens dans une affaire où elle tient à les exprimer elle-même. Craignez que la voix solitaire qui a tinté comme une cloche funèbre au milieu de vous pour replacer les droits de l'inexorable justice au-dessus de ceux de la pitié que vous avez voulu faire prévaloir, n'ait trouvé plus d'écho dans les cœurs que vos cent voix. Un homme puisssant, de fait et de raison, et qui parle en dernier dans une discussion de genre, fait toujours plus d'impres-

sion à lui seul sur tous les esprits, que la pom+
peuse éloquence de ses adversaires, quand ceux-
ci ont surtout moins cherché à persuader qu'à
émouvoir.

Les observations tristes et sévères de M. Salverte ont pu paraître inutiles, inopportunes ét
même discordantes au journal des Débats, qui
n'aurait pas voulu sentir troubler les douces
émotions où la scène touchante de la lecture des
pétitions l'avait plongé ; mais chacune de ces objections m'a paru à moi, écraser, à n'en pas laisser trace, l'ingénieux travail des orateurs qui
avaient pris la parole avant lui.

Je pense tout-à-fait comme cet homme déso-
lant sur ce point. Je le dis à regret, et c'est avec
l'impartialité d'un citoyen qui n'a aucune perte
particulière à déplorer dans ces terribles journées,
il faut que justice soit faite à la France des auteurs d'un crime, encore sans exemple dans ses
annales; il faut que les ministres soient jugés et
condamnés : et l'on ne m'accusera sans doute pas
de provoquer les Chambres à cet acte de rigueur
tout exprès pour satisfaire mes ressentimens per-
sonnels contre les ministres, puisque, je le répète, ils ne m'ont jamais fait aucun mal. En
preuve de ces sentimens, je puis citer ce que je
disais d'eux à ce sujet dans ma brochure : *Point de
provisoire.*

Supposant qu'ils auraient été assez heureux

pour se tenir cachés sans se laisser découvrir, je disais qu'il couvenait de les mettre hors la loi; de leur faire en même temps leur procès et de les condamner à mort, pour que la crainte qu'on n'exécutât contre eux cet arrêt les oblige à sortir de la France.

Mais ce qui était praticable avant qu'on se fut saisi de leurs personnes, est peut-être très-dangereux maintenant qu'on a commis l'imprudence de les réunir sous la main de la justice La haine populaire qui se serait consumée d'elle-même avec le temps, faute de pouvoir atteindre les objets qui l'avaient excitée, cette haine ne va-t-elle pas être terrible d'exigence, maintenant qu'elle les a presque tous réunis sous sa main? Le lion s'anime à la vue d une proie qu'on lui montre et transige par fois avec son appétit lorsqu'on ne la lui a pas encore livrée; mais quand il la tient sous sa griffe, il est toujours très-dangereux de chercher à la lui retirer.

Prenez ceci pour un avis, M.M. les pairs, plutôt que pour une insinuation dictée par une haine contre ces captifs : je ne vous le donne que pour éviter peut-être de grands malheurs. Jugez à rigueur les ministres, et condamnez à mort ceux qui sont personnellement les auteurs des forfaits que la nation leur reproche, si vous ne voulez pas que la nation vous les arrache des mains pour en faire elle-même justice : car cette justice pourrait prendre un caractère d'atrocité qui s'étendrait jusque sur ceux même qui auraient pu s'intéresser à leur sort, et souhaiter qu'on les sauvât.

Reconnaissez pour preuve de ce que j'avance à cet égard, le calme avec lequel le peuple attendait votre décision, tant qu'il a cru que la plus scrupuleuse impartialité présiderait à votre arrêt, tant que la confiance dans votre justice est restée entière, et voyez maintenant comme ses ressentimens et sa haine fermentent depuis que l'indiscrète proposition d'abolir la peine de mort est venue ébranler cette confiance et détruire sa sécurité. Quand les hommes qui ont émis cette proposition auraient voulu nous replonger dans les horreurs de l'anarchie pour renverser le gouvernement actuel, ils ne s'y seraient pas pris autrement; et je les tiens dès à présent responsables des funestes suites qu'entraînera votre arrêt, si ce peuple ne le trouve pas d'accord avec sa justice.

N'allez pas mépriser cette justice, et la croire passionnée, car vous commettriez une erreur dont les conséquences coûteraient peut-être à la France plus de sang que n'en a fait couler la révolution de 89. La justice populaire peut être inexorable, mais elle n'est jamais influencée par aucune des considérations qui font chanceler celle des Cours souveraines les mieux composées. Indépendante comme elle l'est de sa nature, et confiante dans son irrésistible force qui domine les hommes et les choses, elle frappe sans hésitation parce qu'elle est sans crainte , les coupables qu'elle soumet à son tribunal, quand elle juge qu'ils ont mérité d'être frappés. Elle les frappe quels que soient leur rang, leur fortune ou la'puissance de leur famille , parce qu'elle redoute aussi peu leur vengeance , qu'elle est inaccessible à leurs séductions.

Exigeante comme elle l'est dans un cas exceptionnel aussi grave que celui où se sont placés les Ministres à son égard , elle rejette avec dédain les froides distinctions que les avocats les plus versés dans la science du droit pourraient vouloir établir pour soustraire ces grands coupables aux atteintes de votre glaive. Ce qu'elle voit, c'est le fait; et quand ce fait est un crime, elle en exige ou en prononce la punition , sans s'inquiéter des raisons qui ont pû porter les auteurs de ce crime à le commettre. C'est ainsi que , sans se renfermer dans l'étroite circonscription où certains jurisconsultes aspirent à emprisonner votre droit de punir ces grands assassins, en invoquant leur qualité de Ministres et l'absence de lois propres à déterminer leur châtiment, elle crie à la subtilité et à l'injustice contre ces argumens si peu faits pour changer sa conviction. Son bon sens naturel, sa franchise et sa bonne foi , qui lui tiennent lieu de l'étude des lois, lui font sentir tout

ce qu'ont de faible et de captieux ces mêmes argumens, qui ne peuvent, en effet, soutenir un
moment l'examen du logicien le moins exercé.
Quoi! dit-elle, indignée de l'attention qu'on y
prête ou du poids que leur accordent certains
esprits formalistes qui sacrifieraient le monde en-
tier, excepté leurs personnes, au triomphe d'un
principe dont souvent leur conscience même désavoue la justice ou l'utilité, c'est au respect
d'une vaine forme que vous prétendez sacrifier
nos justes ressentimens! Vous, qui envoyez au
supplice un malheureux que la misère a quelquefois poussé au crime, vous prétendez sauver
des hommes qui se sont saturés de notre sang
pour faire triompher la cause du despotisme et
de la plus odieuse tyrannie! Sous le vain prétexte
que ce sont des Ministres, et que les lois destinées à réprimer, à punir leurs attentats n'existent pas encore, vous voulez qu'on les renvoye
absous comme des victimes que la calomnie aurait frappées!

Mais ces lois, de l'absence desquelles vous vous
prévalez pour établir l'équité d'un système aussi
absurde, qui les a refusées à la France, si ce ne
sont les Ministres eux-mêmes et ceux qui les ont
précédés au pouvoir? Dans quelle autre intention
que celle de rendre illusoire l'article de la Charte
qui les proclamait responsables de leurs actes,
se sont-ils abstenus, depuis quinze ans, de pro-

poser aux Chambres ces lois si ardemment souhaitées par la Nation? Et, parce qu'ils ont réussi pendant ces quinze années à comprimer ce vœu si légitime, à priver le pays de la seule garantie qui eût pu le mettre à couvert de leurs excès, prétendez-vous aujourd'hui les faire jouir du bénéfice de leur perfide adresse à éluder nos réclamations à cet égard? Tout souillés qu'ils sont du plus pur sang de la patrie, entendez-vous soustraire à la hache du bourreau ces têtes criminelles, quand vous avez laissé tomber sans réclamation celles de quatre héros, qu'un zèle trop ardent et l'inexpérience de leur jeune âge avait entraînés dans un complot formé pour l'affranchissement de nos libertés?

S'il n'existe pas de lois pour punir des coupables placés dans cette région, n'est-ce pas le cas de rentrer dans le droit commun, et de leur appliquer les peines qu'on inflige aux simples citoyens qui n'ont pas craint de les encourir en violant les droits de l'humanité. Un Ministre, après tout, est-il autre chose qu'un citoyen ordinaire? Et fût-il même sorti d'une de ces classes pour lesquelles la société tient en réserve des égards ou du respect qu'elle ne témoigne pas à toutes les autres, pourrait-il jamais prétendre à l'impunité quand il a commis des crimes que cette société tient à ne jamais laisser sans châtiment??

Vainement Polignac et ses autres collègues placeraient-ils l'excuse de leur conduite dans la nécessité d'obéir aux ordres de leur maître : la Nation leur répond, frémissante de douleur et de colère, en leur montrant les tranchées où sont ensevelies les victimes de leur froide barbarie : Monstres ! il fallait donner votre démission au tyran assez cruel pour vous imposer de pareils ordres, si vous vouliez qu'on respectât votre caractère et votre existence. Est-ce la faute de la Nation si vous avez préféré l'échafaud à des autels, si leurs titres de lâches esclaves et de vils assassins vous ont paru plus nobles que ceux de grands, de bons citoyens ? Subissez-donc aujourd'hui les conséquences de votre choix, puisqu'il vous a été si facile d'en faire un meilleur ; périssez-donc de la mort des traîtres et des parjures, puisque vous n'avez pas eu le courage de sacrifier votre élévation, vos dignités, les avantages de votre poste, à vos devoirs et à vos sermens. Mais n'accusez pas votre pays de rigueur à votre égard, et ne taxez pas la justice d'excessive sévérité ; car ce reproche retomberait de tout son poids sur vous-mêmes, puisque vous l'avez traité si cruellement, au mépris des justes plaintes qu'il faisait depuis si long-temps parvenir à vos oreilles. Ne comptez surtout pas sur sa pitié, vous qui en avez eu si peu pour lui.

Voilà les raisonnemens que se fait, comme par

instinct, la masse du peuple, qu'on affecte de
croire si sujette à l'erreur dans ses jugemens. Et
c'est parce que les orateurs qui ont proposé à la
Chambre l'abolition de la peine de mort, ne pouvaient pas ignorer que c'était là les sentimens
de la grande majorité de la Nation, qu'ils auraient
dû s'abstenir de soulever cette question dans des
circonstances comme celles où nous nous trouvons aujourd'hui placés. A quoi j'ajoute qu'ils
sont peut-être plus personnellement redevables
au Roi qu'ils ne le pensent du sage ajournement
dont il a frappé leur proposition. Qu'ils se persuadent bien qu'on peut aimer son pays, vouloir
son bonheur et souhaiter que sa législation s'a-
méliore, sans pour cela désirer qu'on enlève à
la société la seule garantie qui la défende encore
des ravages que beaucoup de scélérats, intimidés
par la crainte du supplice, ne manqueraient pas
d'exercer sur elle du jour qu'on aurait brisé ce
frein. Qu'on croie bien qu'il n'est pas un malfaiteur qui, avant de commettre un délit, ne sache
mieux qu'aucun de ses juges la peine que lui atti-
rera ce délit s'il vient à se laisser découvrir, et
que tous ceux qui se sont abstenus jusqu'à présent d'assassiner, uniquement parce qu'ils redou-
taient le bourreau, n'hésiteront plus à le faire
pour s'éviter les galères, le carcan, ou même une
peine encore plus légère, car l'axiôme auquel
leur esprit s'arrête ordinairement avec le plus de

complaisance, étant que les morts n'accusent jamais personne, ils tueront avec moins de scrupule que jamais les infortunés dont ils auront décidé de s'approprier la fortune ou les dépouilles, et malheur aux personnes qu'ils soupçonneront avoir eu connaissance de leur crime, car la loi de leur sûreté personnelle ne tardera pas à les presser de les ajouter au cadavre de leur victime. Les relevés des greffes criminels ne tarderont pas à protester contre la trop bonne opinion que se sont faite de notre civilisation, de nos mœurs, les détracteurs de la *Peine de Mort.*

FIN.

LES GRIEFS.

MAINTENONS LA PEINE DE MORT.

Rendez-moi ma liberté de sauvage, et je cours égorger celui qui a bù le sang de mon fils.

Par T. Dinocourt.

N° 2.

PARIS,

ON S'ABONNE CHEZ DELANGLE, LIBRAIRE,
PLACE DE LA BOURSE ;

ET CHEZ L'AUTEUR,
RUE DES FILLES DU CALVAIRE, N° 18,

1830.

Les personnes à la bonne foi desquelles M. DINOCOURT confie ses Numéros , sont prévenues que lors de l'apparition du quatrième Numéro , elles devront laisser chez leur concierge le prix d'un trimestre , ou les brochures qui leur auront été remises.

Prix d'un trimestre : 9 fr.

[illegible]
[illegible]
[illegible]
[illegible]

SONNET I. 736.

[illegible]
[illegible]

Pour donner toute la publicité désirable à
cet ouvrage, l'Auteur a fixé chaque Numéro à
1 fr. — Par Abonnement il ne reviendra qu'à
75 centimes.

SOUS PRESSE.

Le Numéro 3 portant pour titre : *Nécessité de
former des Clubs.*

IMPRIMERIE DE MIGNERET,
RUE DU DRAGON, N.° 20.

LES GRIEFS.

DE

LA NÉCESSITÉ DE FORMER DES CLUBS.

La France est un immense jury, appelé par
ses droits à juger les actes du pouvoir.

Par T. Dinocourt.

N° 3.

PARIS,

ON S'ABONNE CHEZ DELANGLE, LIBRAIRE,

PLACE DE LA BOURSE ;

ET CHEZ L'AUTEUR,

RUE DES FILLES DU CALVAIRE, N° 18.

1830.

AUX AMIS DE LA LIBERTÉ.

Comme M. DINOCOURT ne peut continuer cette Publication qu'autant qu'il aura un nombre suffisant d'Abonnés pour se couvrir au moins de ses frais, il invite les personnes qui sympathisent avec ses opinions politiques, à s'abonner au reçu du quatrième Numéro pour le mettre en état de continuer : l'état de sa fortune ne lui permettant pas de pousser plus loin les sacrifices pécuniers que lui a déjà nécessités cette opération.

Il aime à penser que le patriotisme et l'amour de la vérité animeront un assez grand nombre de ses lecteurs pour lui assurer les chances de réussite dont il s'est flatté en se livrant à cette entreprise.

Prix d'un trimestre : 9 fr.

Pour donner toute la publicité désirable à
cet ouvrage, l'Auteur a fixé chaque fascicule à
… fr. — Par Abonnement il ne coûtera que
75 centimes.

SOUS PRESSE

Le Numéro 4 contenant pages titre : l'Origine de
l'Hygiène et Physique.

IMPRIMERIE DU COMMERCE

Pour donner toute la publicité désirable à
cet ouvrage, l'Auteur a fixé chaque Numéro à
1 fr. — Par Abonnement il ne reviendra qu'à
75 centimes.

SOUS PRESSE.

Le Numéro 4 portant pour titre : *L'Ombre de
Napoléon à Philippe Ier.*

IMPRIMERIE DE MIGNERET,
RUE DU DRAGON, N.º 20.

LES GRIEFS. (N° III.)

DE LA NÉCESSITÉ DE FORMER DES CLUBS.

> La France est un immense jury, appelé par
> ses droits à juger les actes du pouvoir.

En quoi ! parce que le régime absurde sous
lequel nous avons vécu depuis quarante ans,
proscrivait les réunions de plus de vingt personnes, faudra-t-il encore aujourd'hui continuer de porter servilement le joug d'une prohi-
bition aussi honteuse, quand nous avons recon-
quis tous nos droits à la liberté, et accablé nos
tyrans du poids des fers dont ils avaient réussi à
nous charger?

Est-ce que du jour même qu'un peuple a
détrôné la tyrannie, toutes les lois qui la mainte-
naient ne sont point abrogées de droit, comme
elles le sont de fait par son triomphe? Et dans
ce naufrage général où tant d'abus périssent
avec ceux qui les avaient créés, doit-on rien respecter autre chose que les *bonnes* lois, que celles
qui tendent à conserver à chaque citoyen sa fortune, son existence et sa liberté ?

Ce caractère si facile à saisir dans les lois que le seul instinct suffit pour le faire reconnaître de l'homme du jugement le moins exercé , ce caractère a-t-il besoin de l'appréciation particulière d'une assemblée législative, pour être défini convenablement ; et lorsque cette assemblée , par une indifférence calculée à dessein ou par oubli seulement, néglige ou omet de donner cette définition , les citoyens deviennent-ils criminels pour enfreindre une défense qu'ils ont jugée nuisible à leurs intérêts, ou à quelqu'un de leurs droits politiques ?

Où nous mènerait un pareil système s'il venait à prévaloir dans nos tribunaux, et si ceux qui s'en trouveraient les victimes, étaient encore dépossédés du droit de s'en plaindre ? Il ne tiendrait alors qu'à la Chambre, ou du moins aux ministres, de prolonger indéfiniment ce silence pour jetter dans les fers tous ceux qui méconnaîtraient cette odieuse loi ; cette loi qui est encore plus atroce par les motifs qui l'ont dictée, que par les peines qu'elle prononce contre ceux qui l'enfreignent. Le gouvernement actuel est, comme sa conduite à l'égard de la presse périodique le prouve , assez ombrageux pour employer ce moyen , afin d'étouffer ses contradicteurs, si nos cours de justice par leurs arrêts lui persuadent que ce moyen est légal, et il ne manquera pas d'étendre ce silence à beaucoup d'autres mauvaises lois, si c'est pour lui un moyen d'enchaîner toutes celles de nos autres libertés dont il redoutera le plus l'exercice.

Mais que les citoyens mettent en commun leurs ressentimens et vous verrez bientôt le gouvernement adopter une marche bien différente de celle qu'il tient aujourd'hui; c'est bien aussi parce qu'il redoute l'effet moral de ces grandes réunions sur l'opinion publique, qu'il s'efforcera tout aussi long-temps qu'il le pourra, de s'opposer à leur formation.

Avec quelle merveilleuse adresse, tout pressé qu'il est par sa conscience qu'il viole en les empêchant une de nos plus utiles libertés, avec quelle merveilleuse adresse, dis-je, profite-t-il de nos préjugés ou de nos vaines terreurs, pour nous dégoûter d'en faire usage! Il ne faut pas, dit-il, deux pouvoirs dans un état, si l'on veut que tout y aille bien, que l'ordre public ne soit pas troublé et que les intérêts du commerce et de l'industrie, ne soient pas livrés journellement à de nouvelles alarmes.

Ce ne sont là que de vains mots qui prouvent bien plus les craintes que l'autorité conçoit pour elle-même, que sa sollicitude pour les intérêts qu'elle affecte de prendre sous sa protection. C'est qu'en effet ce serait fait de bien des abus dont elle vit, si les citoyens veillaient par eux-mêmes à ce qu'elle n'en tolérât aucun comme il est dans leur droit de l'exiger.

Est-ce qu'à Rome, à Athènes, ou à Sparte, les affaires publiques en allaient plus mal parce qu'elles étaient le constant objet de l'attention du moindre des citoyens ; est-ce qu'aux États-Unis, où chacun s'en occupe aussi et en Angleterre, que l'on ne manque jamais de nous proposer pour exemple toutes les fois qu'on veut nous faire faire une concession au profit de l'aristocratie, est-ce que là, dis-je, où l'on discute librement sur les places publiques, dans les maisons particulières, ou dans les tavernes, les questions de morale, de politique ou de législation, qui peuvent intéresser le pays, là encore où l'on s'exprime avec la même franchise sur les actes du gouvernement, ou l'on blâme la conduite de tel ministre, ou de tel magistrat, suivant que l'un et l'autre ont paru blâmables au citoyen qui croit être assez bien instruit pour pouvoir les traduire à son tribunal ; est ce, dis-je, que dans aucun de ces pays, nous voyons la tranquillité publique un seul instant troublée par ces graves débats? Si elle ne l'est pas dans ces pays, pourquoi le serait-elle plus dans le nôtre?

L'autorité, habile à profiter de notre ignorance à cet égard, ne manque pas, pour se défendre de l'importune censure dont ses actes pourraient être l'objet dans des réunions populaires de ce genre, de nous crier que nos mœurs, que notre caractère ne sauraient s'en accommoder, et que nous tomberions immédiatement dans l'anarchie. Elle appelle à son secours des souvenirs de terreur, qui font sur bien des gens irréfléchis une impression très-favorable à ses vues, elle persuade à dessein à ces honnêtes bourgeois qu'un club est une arène où les passions du peuple se déchaînent avec fureur contre la grande et petite propriété, où les motions les plus incendiaires vomies par la bouche de la plus hideuse ochlocratie appellent la loi agraire, le nivellement de la société par le couperet de la guillotine; et où les délations du dernier misérable peuvent envoyer à l'échafaud ses maîtres ou ses bienfaiteurs.

C'est 93 avec toutes ses horreurs, qu'elle rappelle à tous les esprits, confondant à dessein celles plus effroyables encore que commirent simultanément les comités de surveillance et de salut public, d'où partaient à-la-fois et sans ombre de raison ni de justice, les accusations et les arrêts de mort.

Avec un peu de réflexion et plus de connaissance du caractère de la révolution à laquelle on prétend assimiler la nôtre, on comprendrait cependant que les effets étaut toujours subordonnés aux causes, nous ne pourrions être exposés aux excès qui ont déshonoré celle de 89, en formant des

assemblées du même genre que celles auxquelles
on a peut-être fort mal à propos imputé tant de
maux. Loin de là, je soutiens que nous en re-
tirerions encore plus d'avantage pour nos libertés, pour notre commerce et pour toutes nos institutions en général, que tous les clubs et tous
les comités possible de la première révolution
n'ont fait de mal à la société.

Quelles différences essentielles en effet se font
remarquer dans ces deux grandes commotions
politiques! l'une est le résultat de haines, de
ressentiments comprimés sous le poids de qua-
torze siècles d'esclavage, et qui ne pouvait s'opérer
que par l'effusion du sang d'une partie de ceux à
qui cet esclavage avait profité : l'autre, quoique
participant un peu des mêmes causes, mais faite
par des hommes qui avaient du moins savouré
quelque temps le doux fruit de la liberté, s'est
effectuée sans secousse, sans verser d'autre sang
que celui des satellites du tyran qui avait voulu
achever de mettre le despotisme à la place des
lois. Inexpérience d'un côté et soif inextinguible
de vengeance de l'autre ; connaissance exacte
de l'ordre dans lequel on voulait entrer, et nul
besoin de réaction. Des privilèges à détruire, des
castes riches à décimer pour en avoir raison,
et l'Europe en armes aux portes de la France,
c'était là bien des motifs pour nos pères de ne
pas faire leur révolution avec de *l'eau de rose*, et

les évènemens ont prouvé depuis qu'ils avaient été encore bien en-deçà de ce que la gravité des circonstances les autorisaient à faire pour assurer leur propre tranquillité et celle de leurs enfans.

Nous, au contraire, dont la position et surtout les intérêts étaient si différens, puisque la noblesse n'existait plus que de nom, et que les monstrueux abus du régime féodal avaient disparu de notre sol, nous avons pu renverser d'un souffle un trône que ne soutenait plus l'opinion, et nous montrer clémens après la victoire, puisqu'il ne se trouvait plus d'ennemis, d'ennemis puissans en disposition de nous résister.

Sur qui donc voudrait-on aujourd'hui que nous jetassions la rage qu'on nous suppose? sur le clergé? Mais le clergé n'a plus de biens, et nous estimons trop le ministère des prêtres quand il est dignement exercé, pour penser jamais à organiser contre eux une persécution. Frapperons-nous davantage sur l'aristocratie de naissance? pas davantage, puisque sa puissance est anéantie et que les châteaux crenelés, les gardes, les hautes, basses et moyennes justices n'existent plus que dans les romans, puisque les nobles d'aujourd'hui sont comme nous, du moins pour la plupart, de braves et dignes citoyens qui cultivent les arts, s'associent à nos travaux, à nos spéculations, et souvent à notre industrie; toutes choses que se seraient bien gardés de faire ces fiers barons du moyen âge, qui tiraient au contraire vanité de leur ignorance : seulement il est assez probable qu'à la place de ces terribles ennemis nous attaquerons de front dans nos clubs, et c'est ce qui fait trembler le gouvernement, les innombrables abus qu'il laisse subsister, les injustices qu'il consacre, et les fausses mesures qu'il prend pour traiter nos affaires du dedans aussi bien que celles du dehors.

Mais parce qu'en surveillant sa marche, en l'obligeant à marcher droit quand il voudra aller de travers, nous gênerons un peu son allure, serons-nous pour cela dans l'anarchie? parce que nous éclairant par la discussion sur le mérite ou les inconvéniens d'une loi qu'il aura proposée, nous ferons connaître au public, à la France, notre opinion sur cette loi; ou quand l'ayant jugée mauvaise, absurde, contraire à quelqu'un de nos grands intérêts, nous supplierons collectivement le roi de ne pas la sanctionner, serons-nous pour cela des conspirateurs? Quand nous demanderons qu'on fasse une bonne loi d'élection, une loi qui nous offre le plus de garanties possible, que la représentation nationale ne sera pas un vain mot; quand nous demanderons pour la presse une liberté moins illusoire que celle qui lui est maintenant octroyée; quand nous réclamerons contre l'intolérable faiblesse qui maintient aux emplois les créatures du gouvernement déchu, les magis-

trats qui ont condamné les écrivains du parti libéral; quand nous nous élèverons contre le cu-
mul des places qui concentre dans les mains de
quelques intrigans favorisés les moyens d'existence d'une multitude de citoyens que cette
criante injustice réduit à la misère et à l'oppro-
bre, sans que leurs capacités et leur probité les
en garantisse; quand nous réclamerons contre
ces odieuses répartitions dans les traitemens des
employés de toutes les administrations, où ceux
qui n'ont rien à faire ou que peu de chose, sont
vingt fois mieux rétribués que les malheureux
subalternes sur qui pèse toute la charge du travail. Quand nous plaiderons la cause du mérite
et du talent contre les médiocrités protégées qu'ils
écrasent dans toutes les carrières par la préférence
qu'on accorde presque toujours à l'esprit d'intrigue et de bassesse, sur la noble fierté du génie;
quand nous recommanderons qu'on brise les
chaînes honteuses que l'université impose aux
corps enseignant qu'elle a si long-temps pressuré
et tyrannisé de toutes les manières sans la moindre utilité pour l'éducation; quand enfin, nous
nous récrierons sur la mauvaise administration
des établissemens destinés à secourir le pauvre,
comme le sont les hôpitaux, les bureaux de charité, les maisons de refuge ou les dépôts de men-
dicité, que la sordide cupidité de plus d'un administrateur change en des lieux de souffrance et de

désespoir pour les infortunés que l'âge, la misère ou les maladies obligent à y entrer pour ne pas expirer dans les carrefours; pourra-t-on nous accuser de prêcher la révolte, et d'exposer notre pays aux horreurs d'une guerre civile?

Voilà cependant quel doit être l'objet de ces réunions dont on fait un si grand sujet de terreur au peuple, qui croit sur sa parole tout ce qu'une Chambre anti-libérale peut avoir intérêt à lui persuader; voilà aussi ce dont s'occuperont nécessairement tous les citoyens bien intentionnés pour leur pays, s'ils entendent bien eux-mêmes leurs propres intérêts.

C'est dans cet esprit d'ordre et d'amour du bien public, qu'ils devront procéder pour arriver à un résultat satisfaisant, un résultat qui leur acquierre des droits à la reconnaissance de ceux de leurs concitoyens, que des circonstances particulières empêcheront de se réunir à eux. Et comment pourrait-il venir à la pensée d'aucun des membres de ces grandes sociétés, de s'écarter de ce plan de sagesse, puisque en en suivant un autre, elles perdraient la considération et la popularité qui peuvent seules leur donner de la consistance, et prêter à leurs remontrances tout le poids qu'elles ont besoin d'avoir pour se faire écouter de l'autorité.

Qui doute que des patriotes éclairés et purs d'antécédens reprochables, ne pussent rendre à

la France, d'éminens services dans les circonstances actuelles, où tout se trouve encore malgré
les réclamations des bons esprits, dans un déso-
lant provisoire. Avec quel intérêt n'assisterait-on
pas à leurs séances, s'ils les consacraient à la discussion des matières importantes que je viens
d'indiquer sommairement, ou de toutes autres
aussi intéressantes qu'il pourrait leur convenir
d'examiner? Qui songerait à blâmer ou à tourner en ridicule ces discussions, si, roulant toujours sur des objets d'utilité publique, elles se
passaient constamment avec ordre et décence,
comme dans des assemblées que le sentiment
de leur dignité maintient sans cesse dans les
bornes d'une juste modération, qui n'exclut cependant pas l'énergie chez ceux de ses membres
qui sont en possession de la parole.

Croit-on que le peuple qui ne peut jamais
avoir accès à la Chambre de ses députés, ne se
croirait pas à moitié dédommagé de cette priva-
tion, s'il pouvait venir librement écouter les débats de ces assemblées, si l'on prenait surtout
le soin de les composer de la manière que je viens
de dire tout-à-l'heure. L'habitude qu'il prendrait d'y assister, ne tournerait-elle même pas
autant au profit de ses mœurs que de son esprit,
puisque les momens qu'il y consacrerait seraient
autant de conquêtes faites sur des loisirs dont il
ne fait pas toujours un très-bon usage. Son

jugement et son cœur y gagneraient à coup sûr; car il n'entendrait là, que le langage quelquefois brûlant mais toujours désintéressé des amis du bien public. Ce serait dans tous les cas plus leur faute que la sienne, s'il rentrait chez lui avec de fausses idées de ses droits civiques, ou si les ayant bien compris il manquait d'ardeur et de courage pour les bien défendre.

De toutes parts à ces écoles se formeraient tous les jours d'excellens citoyens, qu'une foule innombrable de préjugés empêche encore de se livrer à leurs vertus naturelles, retenus qu'ils en sont par la crainte de tomber dans de funestes erreurs; cette sorte d'enseignement mutuel sur les droits et les devoirs sociaux se communiquant du sein de ces clubs, à l'intérieur des familles, formerait rapidement un esprit public qui a toujours manqué à la France, pour tirer un parti convenable des positions souvent bizarres, mais presque toujours avantageuses où l'ont placée les fautes des divers gouvernemens qu'elle a subis. Plus sages et plus instruits que nous en cela, les Anglais n'ont jamais manqué de faire tourner au profit de leurs libertés, les bévues ou les crimes de leurs maîtres; et les nôtres sous ce point de vue nous ont assez fourni d'occasions de nous enrichir à leurs dépens, quoique nous soyons encore aussi pauvres de ce côté que s'ils eussent toujours bien conduit nos affaires.

C'est le manque d'esprit d'association qui a perpétué notre servitude, et c'est aussi parce que le pouvoir savait qu'il lui serait toujours facile de nous opprimer, tant que nous vivrions isolés les uns des autres, qu'il a de tout temps si fortement tenu à nous empêcher de nous réunir. Que pouvait en effet contre lui la plainte isolée d'une de ses victimes, quand des circonstances extraordinaires ne le contraignaient pas à y faire attention ! Il en riait le plus souvent parce qu'un gouvernement despotique n'a jamais de respect que pour ce qu'il se sent obligé de craindre : c'est le riche avare qui ne fait l'aumône qu'à celui qui la lui demande le sabre au poing, aussi faut-il par représailles traiter avec lui de Turc à Maure, lorsqu'on est en position de le faire, et quoique celui-ci semble devoir être plus juste et plus humain que celui que nous avons anéanti, encore faut-il prendre avec lui de telles précautions qu'il ne lui devienne plus possible de nous fouler par la suite si l'envie lui en prend. Or, on sait qu'il ne faut pour cela qu'un seul homme au ministère pour tout entraîner dans cette voie dangereuse. Les clubs, tels que je les conçois, nous donneraient toujours cet avantage, de demeurer en quelque sorte indifférens à ces changemens d'hommes et de systèmes, assurés que nous serions de les voir venir tôt ou tard se briser contre notre immuable volonté qui les forcerait toujours de réparer les brèches qu'ils auraient faites à nos libertés.

Mais pour parvenir à ce noble résultat, et si nous voulons que la France applaudisse à nos efforts et les seconde, gardons-nous de prendre jamais en main d'autre cause que celle de la justice, d'autre défense que celle du faible et de l'opprimé ; car toute autre conduite nous déconsidérerait aux yeux de nos concitoyens, et ne nous mériterait, avec raison, que les titres d'anarchistes et de factieux. Mais si nous usons de notre force avec sagesse, qui pourra se flatter de nous résister ? Plus puissans que tous les journaux réunis, parce que nous présenterons une masse compacte à laquelle l'assentiment du peuple prêtera son invincible appui, nous forcerons l'autorité à réparer l'injustice qu'elle aura faite elle-même, ou toléré chez quelqu'un de ces agens. Cette puissance sera doublement invincible si chaque club établi dans le même but, avec le même esprit, a l'attention de former dans chacun des départemens des clubs qui adoptent avec sa dénomination particulière, les statuts et le réglement qu'il aura jugé à propos de s'imposer pour sa propre discipline. Sa voix puissante comme le tonnerre, retentissant alors à toutes les extrémités de la France, ira réveiller dans tous les cœurs et presque au même moment la généreuse indignation que lui aura inspirée l'acte arbitraire dont il aura entrepris d'obtenir la réparation.

Tenus en respect par la crainte d'un blâme aussi universel, quel ministre, quel chef d'administration osera refuser d'entendre à une réclamation fondée sur le droit et sur l'équité, comme le font encore aujourd'hui tant de hauts personnages, dont beaucoup de forts bons citoyens ont si grandement à se plaindre ?

On ne verra plus alors de ces pétitions si vainement renouvellées à la Chambre et renvoyées au ministre qui les concerne, mais qui force par son silence le malheureux qui les a présentées, à continuer de les présenter encore pour subir le même sort qu'elles ont subi les années précédentes ; il faudra quel que soit l'état ou la fortune du plaignant, que prompte et bonne justice lui soit faite, sous peine de nous entendre crier à la félonie, contre le fonctionnaire, l'administrateur ou le ministre assez orgueilleux pour continuer à se taire quand nous l'aurons adjuré de s'expliquer.

Mais dira-t-on, ce sera exercer un empire bien despotique sur le gouvernement lui-même, que d'exiger de lui de pareilles choses. Qui voudra lui consacrer ses services, s'ils doivent être soumis à un contrôle aussi rigoureux, à une inquisition aussi insupportable? Vos clubs une fois établis aspireront à une sorte de souveraineté pareille à celle que les tribuns exerçaient dans Rome au nom du peuple.

Il y a du vrai dans cette objection ; mais qui pourra s'en plaindre, si cette autorité purement morale profite à tout le monde, et particulièrement à ceux que l'arbitraire peut frapper, et priver bien souvent de ses moyens d'existence, comme il est arrivé à tant de citoyens respectables, de l'éprouver sous l'ancien gouvernement?

Pourrait-on nombrer les braves qu'on a éliminés du service et qu'on a réduits au pain 'de la misère, pour punir en eux des opinions, des souvenirs de gloire qu'on avait l'hypocrisie de louer, quoiqu'ils fussent les seules causes de la destitution de ces vieux favoris de la victoire? Compterait-on bien encore les injustices du même genre, et pour les mêmes motifs faites à de savans professeurs dont la philosophie ne s'accordait pas assez avec celle des pères de Montrouge, ou de Saint-Acheul, qu'on s'empressait de jetter dans les chaires à leurs places? Dirait-on encore bien la multitude de préfets, de maires, d'avoués, de notaires ou d'autres fonctionnaires aussi recommandables, qu'on a si honteusement chassés du théâtre de leur administration, ou privés de leurs charges, par la seule raison qu'ils avaient eu le malheur de déplaire aux ministres, dont leur état respectif les faisait dépendre?

Tant de despotisme de la part des dépositaires de l'autorité, ne doit-il pas faire regarder comme un très grand bien, le contre-poids que je jette dans la balance du pouvoir pour le faire pencher.

un peu plus du côté du peuple, lui qui fût toujours trouvé si léger, quand on l'a pesé contre ses ministres! D'ailleurs pourquoi se plaindre d'un expédient qui ne fait d'autre tort aux agens du gouvernement, que de les obliger à se bien conduire? S'ils sont dignes des fonctions qu'on leur a confiées, on le verra bien à la manière dont ils accueilleront ces observations; s'ils s'en offensent, ce ne sera sans doute pas leur faire injure que de suspecter leur libéralisme.

Pense-t-on en effet que, si des associations de ce genre eussent pu se former sous le gouvernement de Charles X, ses ministres eussent osé se permettre les coupables excès auxquels ils se sont enfin déterminés à se porter contre le peuple? Croit-on même que ceux de Louis XVIII eussent eu le courage d'aider ce monarque hypocrite à fausser la loi d'élection qu'il avait lui-même consacrée par sa Charte? Non, non, au seul bruit de ce coupable projet, dont tous les bons esprits ont été simultanément alarmés parce qu'ils en prévoyaient les désastreuses conséquences, les clubs, s'il en eût existé alors, auraient énergiquement crié à la trahison: la France à leur appel eût été debout et en armes prête à défendre la plus précieuse de ses libertés, après celle de la presse, et le despote et ses lâches favoris eussent reculé, glacés d'effroi, devant cette redoutable spontanéité de l'indignation publique. Vaincus dans leur première tentative, il est au moins douteux qu'ils se fussent exposés aux dangers des chances d'une seconde, et la France peut aujourd'hui savoir, par tout ce qu'elle a souffert depuis, ce que lui eût valu cette victoire, si elle se fût mise en devoir de la remporter dans ce temps-là.

Les clubs pouvaient seuls lui en faciliter les moyens; seuls ils pourront encore assurer son avenir contre le renouvellement de semblables calamités ; pourquoi donc, en présence d'avantages aussi considérables , hésiterait-on à organiser de toutes parts de pareilles réunions dans la crainte d'en éprouver quelques inconvéniens ? Pour quelques troubles passagers , dont leur établissement eût été l'occasion à cette époque , que d'humiliations, que d'affronts ne se fût-on pas épargnés, que de prospérité, que de grandeur à la place du honteux esclavage qui nous fut imposé pendant quinze ans! Qui oserait dire , en présence d'un si funeste exemple du respect de tout un peuple pour un ordre légal aussi monstrueux , qu'il a bien fait de persévérer dans ce respect !

Personne plus que moi ne chérit l'ordre dans un État , et l'on en doit croire sur parole un homme dont l'existence repose sur des travaux littéraires auxquels il ne peut se livrer avec fruit que quand le commerce fleurit à l'ombre de la tranquillité. Par cette raison, on ne saurait sans injustice m'accuser de vouloir introduire dans ce même État des élémens d'anarchie qui perpétueraient le trouble auquel il est maintenant en proie. Si donc j'insiste pour voir se former des clubs dans Paris, et même par toute la France, c'est parce que, à cela près des inconvéniens très-minimes attachés à leur établissement, ils rendraient l'immense service d'obliger le gouvernement à entrer dans les voies où la très-grande majorité des Français désire le voir marcher franchement, mais où il semble craindre de mettre le pied.

Si nous supposons que cette incertitude vienne plutôt du Roi que de ses ministres, parce qu'il ne connaît pas encore suffisamment l'opinion de la France (ce qui est assez peu supposable), il saura bientôt ce qu'elle est et ce qu'elle exige, en l'entendant se manifester par l'organe des associations que je propose. Lorsque, contre un club d'ultras, il comptera cent clubs libéraux, voulant une monarchie constitutionnelle, une monarchie assurant aux Français toute la liberté d'un gouvernement républicain, moins ses désavantages et ses dangers, l'hésitation du Roi cessera ; il saura sur qui s'appuyer et de quels hommes s'entourer pour plaire à la nation. Les clubs alors, loin d'être un obstacle à son gouvernement, en assureront au contraire la marche, et le défendront même contre les agitateurs que le

parti carliste pourrait vouloir soulever contre lui.
Le Roi saura alors , à n'en plus douter, que nous
ne voulons pas , que personne ne veut au pouvoir, dans la magistrature, dans les emplois publics, aucun des serviteurs de l'ancien gouvernement. Et puisque ces derniers ont tant de fois
parlé de se compter , ils pourront, en le faisant,
s'assurer qu'ils ne font qu'une très-petite fraction
de la société qu'ils se sont si mal-à-propos cru
appelés à dominer jusqu'à ce jour.

Je n'ignore pas tout ce qu'ils pourront tenter
pour faire tourner contre nous-mêmes les avantages de ces institutions. Unis d'intérêt en cela
avec le gouvernement , et à qui elles déplairont
également , ils donneront à dessein dans des
exagérations capables d'effrayer les plus zélés partisans de la liberté. C'est un piége qu'il sera facile
d'éviter en continuant de se tenir très-scrupuleu-
sement dans les bornes de la modération.

Une autre fois encore, et pour alarmer le commerce , ils répandront des bruits sinistres sur nos projets ; pour donner de la consistance aux nouvelles
absurdes qu'ils auront fabriquées, ils iront jusqu'à soudoyer des malheureux avec charge de
former des rassemblemens séditieux autour des
lieux où seront établis nos clubs , il arrivera
même souvent que l'ordre de nos séances sera
troublé par des vociférations de nature à nous
rappeler 93. Si les bons citoyens se laissent sur-

prendre à ces terreurs de commande, ce sera fait des clubs et de la libérté, car le gouvernement aura gagné sa partie contre nous sous le spécieux prétexte d'assurer la tranquillité publique et de rendre au commerce la sécurité ; il déploiera contre nous toutes les rigueurs du pouvoir exécutif, et nous serons placés dans la nécessité de lutter avec lui, d'en triompher ou de retomber dans l'isolement qui fait aujourd'hui notre faiblesse ; et je n'ai pas besoin d'ajouter que, dans ce cas, tous les fruits de notre révolution seront perdus sans retour, qu'ils continueront de profiter à nos ennemis, qui sauront prendre un peu plus tard leur revanche de la confusion où les a jetés leur défaite.

Qu'on ne s'abuse pas, les momens sont précieux pour se prononcer ; si l'on attend pour le faire que les hommes qui compriment le libéralisme du Roi se soient *casematés* dans les hauts emplois, aux ministères, aux chambres et dans les administrations, il ne sera plus temps de rêver aux moyens de les en faire sortir ; on ne le pourra plus qu'en relevant de nouvelles barricades, et c'est ce qu'il faut éviter, car le sang les arroserait de nouveau : or, le sang français est trop précieux pour que nous n'évitions pas toutes les occasions de le répandre ; mieux vaudrait, dans ce cas, supporter sans se plaindre les conséquences d'un défaut de prévoyance, que de re-

conquérir ses droits au prix d'une nouvelle révolution.

Que si, au contraire, et tandis que le langage
de la reconnaissance et même de la flatterie est
encore à l'usage de la nouvelle cour, nous expri-
mons franchement nos vœux sur le fait de nos
libertés et sur la manière dont nous entendons
en jouir ; si surtout nous déjouons, par notre sagesse et notre fermeté, les ruses qu'on ne manquera pas de mettre en usage pour nous désunir,
il arrivera nécessairement que le peu de patriotes
dévoués qui se trouvent aux deux chambres ou
à la tête des grandes administrations, uniront
leurs efforts aux nôtres pour faire prévaloir notre
cause, la cause nationale sur celle de nos ennemis, qui ont déjà plus d'influence et de pouvoir
que bien des gens ne se l'imaginent.

Sans clubs, je le répète, point de résistance
possible aux empiétemens naturels, même au
gouvernement le moins enclin à l'absolutisme ;
eux seuls peuvent donner au droit de pétition la
réalité qui lui a toujours manqué jusqu'à présent. On se rit, je l'ai déjà dit, aux chambres
comme dans les ministères, de toute réclamation, si juste qu'elle soit, du moment qu'elle est
dénuée d'un appui assez fort pour se faire respecter. Les clubs, à cet égard, en présenteraient
toujours un qu'on n'oserait jamais mépriser, si
contrariante que pût paraître cette réclamation :

et nous serions d'autant plus assurés qu'on ferait droit à celles que nous présenterions, que nous nous ferions toujours un devoir de n'en appuyer jamais que de raisonnables, et constamment marquées au coin de l'intérêt général.

Le moyen d'arriver à ce résultat serait de ne composer ces sociétés que d'hommes absolument de la même opinion, car les disputes ne naissent, dans des assemblées de ce genre, que parce qu'on néglige trop cette précaution par la fausse idée qu'on se fait que l'on sera toujours assez fort pour maîtriser ses contradicteurs. C'est ce qui rend raison de la violence des débats qui ont quelquefois lieu à la Chambre. Entre des députés qui seraient tous également royalistes ou également libéraux, on n'entendrait jamais de ces personnalités désobligeantes qui font de si cruelles blessures à l'amour-propre, et qui participent même si souvent de l'outrage. Les épithètes de factieux, les rappels à l'ordre hors de propos, et les interruptions tumultueuses qui portent de si rudes atteintes à la dignité parlementaire, n'affligeraient pas aussi fréquemment les amis de la liberté.

Les clubs qui ne compteraient dans leur sein que des patriotes pourraient être divisés d'opinion sur les moyens de faire le bien, mais leurs débats seraient sans fiel et sans aigreur, assurés qu'ils seraient de leurs bonnes intentions, et ils finiraient toujours par s'accorder, sans avoir à se reprocher de coupables emportemens contre leurs amis.

Si j'avais à m'occuper des moyens de constituer une de ces sociétés, j'indiquerais volontiers ceux-ci comme pouvant arriver plus facilement au but que je me propose.

Avec deux ou trois amis que je saurais préférer, comme moi, à tout autre mode de gouvernement, la monarchie constitutionnelle et le chef qui préside à celle que nous avons aujourd'hui, je jetterais les fondemens de mon institution.

Je les chargerais de recruter dans leurs amis particuliers des hommes qui fussent aussi exactement de la même opinion, et ces derniers à leur tour procéderaient de la même manière à l'égard de ceux qu'ils connaîtraient aussi particulièrement : ils devraient s'arrêter dans leurs recherches aussitôt que nous aurions atteint le nombre de cinquante, plus un, pour qu'il pût être nommé un président.

Le patriotisme de chacun de ces membres étant bien avéré, on pourrait en toute confiance se constituer.

Un président, et un vice-président pour le suppléer au besoin, un trésorier, deux secrétaires, deux scrutateurs, mais dont les fonctions ne seraient exercées qu'alternativement, et pour le cas d'absence des titulaires en charge, tels seraient les officiers de la société, qui pourrait les remplacer par d'autres tous les trois mois, pour assurer à chacun de ses membres les avantages de la plus parfaite égalité.

Les conditions pour être reçu devraient être de n'avoir aucun antécédent reprochable en politique, mais surtout en probité.

Il faudrait s'allier par un serment solennel, et se promettre l'un à l'autre à la vie, à la mort, assistance, protection et dévouement sans bornes en quelqu'occasion et circonstance que ce fût : un signe, un attouchement secret dont on conviendrait, aiderait les membres des mêmes clubs à se connaître en quelque endroit de la France ou de l'étranger qu'ils pûssent se rencontrer.

Une cotisation légère, mais nécessaire aux choses dont je parlerai tout à l'heure, serait versée par chacun des membres dans la caisse du trésorier, au jour de leur réception à chaque séance, que je ne fixe pas à moins de deux par semaine : ils mettraient à la même caisse cinquante centimes. Ces sommes jointes à quelques avances qu'on pourrait faire, donneraient indubitablement la facilité de faire imprimer un résumé des débats qui auraient eu lieu aux séances. Ce résumé ne serait pas sans intérêt pour le peuple, et pourrait être vendu moyennant un prix très-modique, et envoyé moyennant un abonnement aussi très-peu considérable, aux correspondans du club dans les départemens. Ce serait un moyen de les tenir au courant des questions dont on se serait occupé, de leur faire connaître la manière dont on les aurait résolues, et de les instruire, en un mot, des déterminations auxquelles on se serait arrêté.

Les bénéfices présumés de cette opération, aussi bien que les autres fonds, seraient destinés à offrir des secours à des artistes, à des gens de lettres qu'on saurait être dans la gêne, pourvu que ce ne fût pas l'inconduite qui les y eût réduits.

Sur ces mêmes fonds, on prendrait encore les frais de location, de chauffage et d'éclairage de l'endroit qu'on aurait choisi pour s'assembler.

Un double règlement y serait affiché. Le premier pour les membres du club; le second, qui ne serait à proprement parler qu'un simple avis, indiquerait au public les jours, l'heure et la durée des séances, aussi bien que la recommandation de n'en pas troubler la tranquillité.

Le règlement destiné aux membres de la société mentionnerait l'ordre dans lequel chacun serait appelé à émettre son avis sur les objets dont on aurait à s'occuper, le nombre de voix destiné à former la majorité des suffrages, et qu'à mon sens je fixerais aux deux tiers des votans, comme je voudrais qu'on l'exigeât dans les juris, dans nos assises et dans toutes nos cours de justice; il mentionnerait en outre les cas dans lasquels on pourrait être rappelé à l'ordre, et ceux moins fréquens, il faut l'espérer, où l'on serait tenu de payer une amende quelconque pour infraction à quelque point essentiel du règlement.

Ce club ainsi organisé, s'il se présentait des patriotes réunissant les qualités exigées pour faire partie de cette société, le nombre de cinquante se trouvant completté, on recevrait ces braves citoyens qui à leur tour procédant de la même manière en organiseraient sur un autre point un second, un troisième, un quatrième, un vingtième qui, retenant la même dénomination, adoptant les mêmes statuts, le même réglement, et se conduisant enfin par les mêmes principes, propageraient nos idées et ajouteraient à notre force.

C'est ainsi que de proche en proche la France se trouverait enrichie d'une institution aussi favorable à sa liberté qu'au développement de ses lumières. Ce serait alors qu'elle pourrait se dire invincible, et qu'elle braverait les attaques de la tyrannie, défendue comme elle le serait par tant d'hommes dévoués à ses intérêts, et qu'un serment redoutable aurait unis à toutes ses destinées ! Ce serait aussi seulement alors qu'un Français serait fier d'appartenir à quelqu'une de ces sociétés sur lesquelles on déverse aujourd'hui à dessein le ridicule et l'horreur. Oui, l'on serait fier d'en faire partie, puisque le patriotisme et la probité et toutes

les qualités que ces deux vertus supposent seraient des titres indispensables à produire pour y
être reçu ; comme la forfaiture à l'honneur devien-
drait un motif d'exclusion à quiconque se serait
aliéné l'estime de la société.

Qu'on ne me dise pas que je fais un beau rêve,
un rêve impossible à réaliser; l'exemple de la fran-
che-maçonnerie est là pour prouver que ces sortes d'institutions ne sont pas plus difficiles à fon-
der que celle-là. Le succès ne dépend que de la
bonté des choix que l'on fait, et si l'on y apporte
du scrupule on ne tardera pas à reconnaître la
possibilité d'arriver, même en fort peu de temps, à
un très-beau résultat.

Que le gouvernement ne nous entrave pas, et
il verra bientôt, s'il est vrai, comme il s'efforce de
nous le persuader, qu'il ne veut que notre bonheur; il verra, dis-je, que nous serons plus aptes
et plus ingénieux que lui-même à nous le procurer. Il saura pour la première fois, et ce sera sans
doute à son extrême surprise, tout ce que peut
l'esprit national d'un peuple quand son essor
n'est pas gêné par l'étroitesse des vues, et plus
souvent encore par l'égoïsme des créatures dont
les hommes du pouvoir en général peuplent les
administrations, les conseils et les tribunaux.

La conscience publique, plus sûre dans ses arrêts que les Cours de justice les mieux composées, tracera toujours d'une manière infaillible à

son chef la route qu'il devra suivre , même dans les opérations les plus difficiles où pourront les placer les évènemens politiques ou les circonstances.

Laissez à cette conscience le soin de résoudre les questions de législation les plus ardues, et je vous promets qu'elle en sortira victorieuse en moins de temps que la commission que vous aurez cru la plus habile à les décider. Parlez-lui de philosophie , de morale , de droit des gens , elle vous répondra mieux et plus vîte que les professeurs que vous avez placés dans les chaires de vos écoles pour faire l'éducation de la jeunesse. Raisonnez avec le bon sens public , arts , industrie , commerce , vous ne le trouverez pas plus en défaut ; il saura toujours mieux que vous-même ce qui convient à ses intérêts et à sa gloire. La preuve de cette assertion se trouve dans les défectuosités de vos lois , de vos codes sur lesquels on ne l'a pas consulté ; et dans le blâme judicieux qu'il porte sur les inconvéniens ou les vices que les législateurs les mieux exercés n'ont point aperçus.

Reconnaissez encore sa perspicacité, on pourrait presque dire sa prescience aux divers jugemens qu'il a portés sur les actes et les projets d'un homme que l'immense supériorité de son génie semblait avoir affranchi de l'erreur , j'entends parler de ceux de Napoléon. Avec quelle unanimité le blâme du peuple n'a-t-il pas éclaté contre sa politique, lorsqu'oubliant en ingrat ce qu'il devait à la révolution, il est allé chercher ses points d'appui dans des castes que l'animadversion nationale avait anéanties, mais que les illusions d'un faux orgueil le portèrent à ressusciter! Comme ce peuple en prévit les conséquences et le punit plus tard des mépris dont il avait payé son dévouement! Comme il frappa de réprobation la prétendue nécessité à laquelle il immola le duc d'Enghien; comme il improuva les motifs qui poussèrent sa fière ambition à porter la terreur de ses armes en Espagne; comme il maudit aussi ceux qui le conduisirent peu d'années après au cœur de la Russie, où tout une génération de héros a si chèrement payé l'attachement exclusif qu'elle lui avait toujours témoigné, au préjudice de celui qu'elle devait à la patrie!!

La pénétration, la sagacité du peuple égalant la justice et la promptitude de ses jugemens, il n'y a donc pas lieu de lui dénier le droit de s'assembler et de discuter comme bon peut lui sembler les actes du gouvernement, puisqu'il ne fait en cela que s'occuper de ses propres affaires. Puisque ce gouvernement n'existe que par lui et pour lui, les hommes qui le composent doivent, pour cette raison, se retirer, s'ils ne veulent pas agir dans le sens que l'entend le peuple, s'ils s'obstinent à rester dans des voies qu'il a déclarées mauvaises ou dangereuses.

C'est ainsi que, par application de ce principe à ce qui se passe en France depuis la nouvelle révolution, on peut assurer, sans craindre d'être démenti, que l'immense majorité de la population voit avec autant de mépris que de colère une poignée d'hommes timides portés au pouvoir, on ne sait trop par quelle impulsion, paralyser, par leur inconcevable inertie, le grand mouvement social qui les a mis eux-mêmes en évidence, alors que le patriotisme devrait, au contraire, les porter à en doubler l'élan.

Si ces hommes là ont peur de la liberté et reculent devant les éclatantes réparations que nous avons droit d'obtenir pour tout ce que nous avons souffert des excès du despotisme depuis quinze ans ; qu'ils cèdent leurs places à ceux qui ne craindront pas d'épouser nos ressentimens et de nous rendre aussi libres que nous avons besoin de l'être. Il y a par trop de couardise ou d'hypocrisie à paraître craindre que la liberté, chez nous, ne dégénère en licence, après avoir vu la classe la plus infime de la société se comporter avec tant d'héroïsme et de sagesse aux immortelles journées de juillet. Il y a presque de la trahison à maintenir aux emplois, mais surtout aux emplois publics, les instrumens et les fauteurs de la tyrannie de Charles X. Le char de la révolution ne peut, avec un pareil fardeau, arriver au terme glorieux qu'il s'est proposé d'atteindre ; ils le renverseront dans l'ornière de l'anarchie, en accusant la liberté elle-même de l'avoir fait verser.

Voilà, je le dis franchement, ce que nous proclamerons dans nos *clubs* avec beaucoup d'autres vérités au moins aussi importantes; et ce sera bien plutôt la faute du gouvernement que la nôtre si ces justes réclamations contre un ordre de choses aussi intolérable occasionne du trouble dans l'État. Ce sera la marque la plus sûre de l'inconstitutionnalité du ministère s'il met sa gloire à résister à l'opinion; car l'opinion, je le répète, ne conspire jamais contre le bon ordre ni la justice, et quand elle se prononce contre les personnes ou les choses, c'est qu'elle sent qu'elles nuisent à quelques-uns de ses intérêts; vouloir les maintenir quand elle les a condamnés, c'est s'exposer à mériter soi-même le blâme qu'elle tient en réserve pour les mauvais citoyens.

Ne craignez pas que l'exigence populaire aille jamais trop loin sur ce point, et vous force à des actes dont vous ayez plus tard à rougir, si vous la laissez libre de s'abandonner franchement à ses inspirations. Elle pourra vous demander des concessions sur beaucoup de points où vous n'êtes pas décidés à en faire; mais dans aucun cas elle ne vous demandera rien de contraire à l'ordre, à la morale et à l'humanité. Or, si ces trois choses sont toujours respectées, que risquez-vous de lui céder? Ne savez-vous pas, et n'avez-vous pas eu tout récemment la preuve, que les masses, considérées collectivement, sont riches de plus de vertus que vous n'en sauriez trouver chez l'individu réputé le plus sage? Si parfait qu'on puisse supposer ce dernier, il lui manque toujours quelques qualités qu'on est tout étonné de rencontrer dans un homme que, sous beaucoup de rapports, on est forcé de mésestimer. Et quoique dans les individus qui composent les masses tous les vices sans exception existent également à côté de toutes les bonnes qualités, il y a cependant cela de remarquable, que ce sont toujours ces dernières qui prévalent, et qui prévalent considérablement dans toutes les grandes assemblées où le peuple, libre de toute influence, est appelé à juger d'après sa conscience. Soit que les bonnes qualités l'emportent en effet sur les vices, soit qu'un sentiment de pudeur oblige l'homme en public à les cacher, parce qu'il sent le besoin de l'estime, le fait est que ce sont toujours les sentimens généreux qui dirigent les actions des masses, comme c'est aussi la plus sévère équité qui caractérise ses jugemens.

L'infortuné Louis XVI croyait si bien à cette vertu chez le peuple, que c'était à son tribunal qu'il avait appelé de l'inique sentence que la Convention avait rendue contre lui. Et pourtant, la journée du 10 août avait pu lui inspirer bien des préventions contre le peuple parisien, dans lequel il mettait son espoir. Mais il avait raison de s'y fier, car la horde du 10 août n'était pas plus le peuple de Paris que ne l'était ces jours derniers celle qui venait demander la tête de Philippe ou celle des captifs de Vincennes. Le même sentiment qui a porté la Nation à respecter l'âge et les infortunes d'un roi qu'elle avait cependant bien des motifs de haïr, l'empêcherait de rien demander dans les clubs qui compromît la belle réputation dont elle jouit à si juste titre dans tous les endroits du globe où sa gloire est parvenue.

Sans les clubs, je le répète, pas de vraie liberté ; avec eux, point de despotisme possible, si ce n'est celui de la Nation elle-même ; mais chacun sent qu'elle ne peut jamais l'exercer que dans ses propres intérêts et contre des hommes disposés à les trahir. A cet égard, ceux qui pourront s'en trouver frappés n'auront pas le droit de s'en plaindre, parce qu'il n'aura tenu qu'à eux de mériter un sort plus favorable, en remplissant dignement les devoirs de la place à laquelle ils auront été promus. Cette crainte salutaire d'encourir la disgrâce d'un pouvoir qu'on méprise aujourd'hui parce qu'il est encore sans action, obligera les fonctionnaires publics, à quelque classe qu'ils appartiennent, de s'acquitter de leurs fonctions de manière à mériter l'approbation de tous, ce qui vaut sans doute mieux que de complaire au ministre, au préfet, au chef d'administration, dont ils auront tenu leur place.

Avec ce système d'association, que tout gouvernement de bonne foi ne peut manquer de favoriser, le rétablissement des congrégations n'est plus possible, et les coupables espérances du parti carliste sont à jamais anéanties; et la France sait jusqu'à quel point elle est intéressée à confondre sans retour ces ennemis de son bonheur et de sa liberté! En quels lieux assez secrets se réuniront-ils pour tramer contre elle de nouveaux complots, quand les yeux de chaque citoyen, constamment ouverts sur eux, pourront suivre leurs démarches et les signaler à l'autorité? Quelles relations oseront-ils établir avec les puissances étrangères, quand au centre comme aux frontières et dans nos villes maritimes, ils retrouveront à toute heure et partout la même surveillance, les mêmes obstacles, auxquels ils auront compté échapper en changeant de localité? il faudra qu'ils renoncent à nous troubler, ou qu'ils abandonnent notre sol, mortel désormais à l'esprit de caste et de privilége.

Mais, dira-t-on, c'est donner à vos clubs des attributions peu différentes de celles dont ont si cruellement abusé les comités de surveillance et de salut public; c'est organiser la terreur par

toute la France, et jetter une partie de ses habitans dans l'interdit. La fortune, la liberté, l'existence même des meilleurs citoyens, pourront se
trouver menacées par le premier ennemi qui voudra venir les dénoncer à vos sociétés; c'est la loi
des suspects rétablie avec toutes ses horreurs
que vous nous proposez là; pourquoi ne pas laisser à l'autorité le soin de veiller à notre conservation ?

Voilà de bien fortes objections, mais je ne suis
point embarrassé d'y répondre; j'ai dû les élever,
pour prouver ma bonne foi et faire voir en même
temps combien il est facile de prouver leur peu
de solidité. Et d'abord il faut bien que le peuple
veille par lui-même aux soins de sa propre conservation, puisque l'autorité témoigne si peu de
sollicitude pour les craintes qu'il lui manifeste
journellement à cet égard.

Partout on lui signale des agitateurs : ici,
ce sont des carlistes déguisés qui répandent
l'argent à pleines mains chez des malheureux
que la misère rend faciles à séduire, et qui se
portent, à leur signal, aux plus condamna-
bles excès; là, ce sont des soldats étrangers
et des jésuites en habits bourgeois qui invi-
tent des ouvriers à briser des machines, à violer
le droit de propriété, pour nous jetter dans la
défiance les uns des autres, et par suite dans la
guerre civile. Et cette autorité attend, pour agir

et frapper ces perturbateurs de l'ordre public,
que ces noirs complots aient reçu leur exécution.
Et quand elle frappe, sur qui tombent ses coups?
sur de malheureux instrumens qui n'en peuvent,
la plupart de ceux qui les ont mis en œuvre ayant eu
le temps de pourvoir à leur sûreté pour aller re-
commencer sur un autre point. C'est ce déplora-
ble état de choses qui prouve la nécessité, pour
le peuple, de suppléer par sa propre vigilance à
celle si incertaine, si douteuse, des auxiliaires
que s'est créés le gouvernement à Paris aussi
bien que dans les départemens.

Pour ce qui est des craintes qu'on manifeste au
sujet de l'abus que les clubs pourraient faire de
leur puissance, je ferai d'abord remarquer que
cette puissance n'aurait rien de dangereux, puisqu'elle ne serait que purement morale et sans nul
droit sur les individus qui auraient éveillé ses
soupçons ou excité ses alarmes. Il n'y aurait
même pas de méprise à redouter de sa part,
puisque l'on connaît partout, à ne pouvoir s'y
tromper depuis bien des années, les opinions politiques de chaque citoyen; que l'on sait parmi
les royalistes quels sont les hommes sages, modérés, sur la tranquillité desquels on peut compter, et ceux que leur caractère emporté, l'exagé-
ration de leurs principes peuvent entraîner dans
des entreprises attentatoires à la tranquillité publique. Ce ne serait que sur ces derniers particuliè-

rement que s'exercerait la surveillance des clubs ;
et je ne vois pas ce qu'ils feraient de repréhensible
en cela, puis qu'ils rendraient service à la société
toute entière et en particulier aux magistrats
dont la religion est si souvent trompée par les
membres qu'ils employent à ces sortes de dé-
couvertes.

Si l'on considère d'ailleurs que les clubs ne pourraient dans aucun cas s'ériger en tribunal à l'égard
des personnes qui leur auraient été signalées,
mais qu'ils se borneraient à attirer sur elles l'attention de l'autorité ; si l'on compte que cette
dernière à son tour ne pourrait que les déférer
aux tribunaux compétens pour les juger dans les
formes prescrites et d'après les lois existantes , on
conviendra sans doute qu'il n'y aurait lieu dans
aucun cas pour personne, même pour celles qui
se trouveraient livrées à la justice par cette voie,
de crier à l'arbitraire, et d'établir la moindre
comparaison entre la conduite de ces sociétés populaires, et celles de 93. Puisque le jury, le té-
moignage et le droit de défense, tout leur serait
conservé pour prouver leur innocence s'ils avaient
été inculpés mal à propos ; et sous ce dernier point
de vue, le sentiment de justice qui anime aujour-
d'hui tous les amis de la liberté est assez fort
pour les défendre de l'aveuglement de l'esprit de
parti, et ils n'accueilleraient pas légèrement une
dénonciation de ce genre.

Que ceux qui ont fait à ce sujet des réflexions contraires à celles-ci se persuadent bien que le temps où les dépouilles des condamnés profitaient à ceux qui les avaient poussés sur l'échafaud ne pouvant plus revenir, puisque les confiscations sont abolies, c'est une bien bonne raison pour que le métier de délateur ne soit pas pratiqué comme autrefois, puisqu'il rapporterait si peu à celui qui voudrait l'exercer par spéculation.

Autre temps, autres mœurs : a toujours dit le proverbe, et comme le caractère de notre révolution est éminemment empreint de bienveillance et de douceur envers ceux que nous étions habitués à considérer comme nos plus implacables ennemis, il est à croire que nous ne voudrons jamais les immoler de sang froid, après les avoir épargnés aux jours où l'ardeur de la victoire pouvait servir d'excuse à la cruauté.

Ce sont de vaines terreurs, des terreurs chimériques, je pourrais même dire des terreurs de mauvaise foi, que celles que le gouvernement affecte à la seule idée de nous voir nous réunir en sociétés pour nous livrer à la discssuion des affaires publiques. Ce qu'il redoute en cela, je l'ai dit, je le répète, ce n'est pas l'anarchie, puisqu'il sait que nous ne saurions nous en accommoder plus que lui-même, mais c'est notre union, notre force qui lui font peur; et il a vraiment raison d'en avoir

peur s'il n'entre pas dans ses intentions de nous
faire jouir sans restriction de tous les droits dans
lesquels vient de nous réintégrer la révolution.
Il comprend à merveille que sa force n'est rien
auprès de la nôtre dans cet état de bonne alliance
qui nous arme tous en même temps contre les
mauvaises lois, contre les abus de toutes les espèces qu'il peut avoir intérêt à maintenir. Il sait
par souvenir du prodige opéré par la seule association Bretonne, que notre seule inertie suffi-
rait pour l'anéantir. Que serait-ce donc s'il nous
mettait dans la nécessité d'agir en ennemis avec
lui !...... C'est bien aussi pour cela qu'il conser-
vera tant qu'il le pourra son art. 291, afin de
pouvoir jetter sur les bancs de la police correctionnelle ceux qui seront assez hardis pour commencer à former ces sortes de réunions : c'est bien
encore pour cela qu'il aura toujours les débats et
M. Dupin à ses ordres en disposition de crier à la
violation de l'ordre légal, comme si un ordre légal
qui tue la liberté pouvait être respecté de ceux
qui n'ont pas craint pour la conquérir de s'exposer à la mitraille des gardes de Charles X ; c'est
enfin pour cela qu'à côté de ces clubs, quand ils
se seront établis malgré ses efforts, il pourra permettre pour les faire déconsidérer que des anarchistes en organisent dans le voisinage des nôtres.

Ce moyen tout machiavélique, quoique un peu
usé, pourrait produire une partie de l'effet qu'en

attendraient ses auteurs ; mais il ne leur serait pas long-temps profitable : les bons citoyens , et particulièrement la garde nationale , devraient réunir tous leurs efforts pour comprimer les agitateurs sans nous confondre avec eux , et tout serait gagné pour la France du jour que le bon sens public aurait fait justice de ce piège grossier ; du jour que l'artisan dans son atelier , que le marchand dans sa boutique fermeraient leur porte aux alarmistes gagés du ministère, qui viendraient répandre chez eux des bruits absurdes sur nos institutions.

Nos intentions, qu'on se le persuade bien', ne pourront jamais avoir autre chose que le bonheur public pour objet. Et comment voudrait-on qu'il en fût autrement ? lorsque nous ne recruterons nos associés que dans ce que les académies , les facultés , les arts , le barreau , les lettres, le commerce et l'industrie pourront nous présenter de plus éclairé ; mais surtout de plus dévoué aux intérêts de la patrie.

Pense-t-on en effet, que de pareils élémens puissent jamais produire le trouble et pousser à la guerre civile, eux à qui la paix est si nécessaire ? Pense-t-on qu'ils voulussent même jamais contrecarrer en rien le gouvernement, ou gêner l'exercice de son autorité , si le gouvernement ne se sert de cette autorité que pour faire des choses justes , utiles et généreuses ? Non, qu'on se désabuse , les clubs dans ce cas seraient les premiers à donner l'exem-

ple de la soumission et du respect des lois à tous
les autres citoyens, car personne ne doit se dissi-
muler qu'il en sera proposé et adopté de telles
aux deux chambres, qu'on aura peut-être besoin
de se rappeler la gravité des motifs qui leur auront donné l'existence, pour les supporter sans
se plaindre. C'est alors aussi que le gouvernement
commencera à sentir que ces sociétés si redoutables sont parfois bonnes à quelque chose, même
dans une monarchie constitutionnelle, quoiqu'il
paraisse jusqu'à présent avoir douté qu'elles fussent compatibles avec elle si l'on en juge au soin
qu'il a pris de s'opposer à leur formation. Prouvons lui donc dès à présent en en établissant, que
la France est un immense jury appelé par ses
droits à juger les actes du pouvoir. Prouvons le
lui, pour qu'il se garde d'en faire de tels que nous
soyons obligés de nous lever de nouveau pour les
casser, comme on l'a fait de ceux des ministres
du roi chevalier.

www.ingramcontent.com/pod-product-compliance
Ingram Content Group UK Ltd.
Pitfield, Milton Keynes, MK11 3LW, UK
UKHW021113220726
13924UKWH00004B/1686